Für meine Eltern, für die Erziehung, die ich genossen habe.

Für Marlene, meine Ehefrau als Dank für jeden Tag seit dem 17. Mai 1973.

Für meine Lehrer, die sich bemühten, mir eine vernünftige Ausbildung zuteil werden zu lassen.

Bonn 2018

Michel G.

Über den Autor:

Jahrgang 1949, Studium zum Wirtschaftsingenieur, Studium der Volkswirtschaft, Soziologie, Politikwissenschaft, Philosophie und Ethik, arbeitete jahrelang bei einer internationalen Organisation, davon 5 Jahre weltweit in Wasserprojekten, sowie einer europäischen Organisation und in mehreren internationalen Beratungsunternehmen. Autor von mehreren Werken, u.a.

"Abenteuer Deutschland – Bekenntnisse zu diesem Land"

"Ich denke oft.... an die Rue du Docteur Gustave Rioblanc – Versunkene Insel der Toleranz" "

„Deutsche Identität: Quo Vadis?

„Danke Gertrud – oder das Schicksal einer stolzen vertriebenen Oberschlesischen Bauerntochter"

„2005-2017 Deutschlands Verlorene 12 Jahre Teil 1 oder Angela Merkel, Die falsche Frau an der falschen Stelle zum falschen Zeitpunkt und am falschen Ort"

„2005-2017 Deutschlands Verlorene 12 Jahre Teil 2 oder Sie schlafen den Schlaf der Gerechten"

„Ansätze zu einer Antifragilitäts-Ökonomie"

und verschiedene Beiträge in Fachzeitschriften

Michel G.

Abenteuer Deutschland

Bekenntnisse zu diesem Land

Eine Bilanz

© *2018 Michel G.*

Verlag: Tredition GmbH, Hamburg

Zweite überarbeitete Auflage
ISBN:

978-3-7469-0614-0 (Paperback)
978-3-7469-0615-7 (Hardcover)
978-3-7469-0616-4 (e-Book)

Verlag und Druck:

tredition GmbH, Halenreie 40-44, 22359 Hamburg

Die verwendeten Abbildungen sind bei Fotolia lizensiert.
https://de.fotolia.com/
cocarde.jpg, fotolia_103745528.jpg

Inhaltsverzeichnis

1.Vorwort

Auswanderung und Einwanderung bedeuten sehr oft Schicksale, die man nicht teilen will. Die mit sehr viel Schmerzen verbunden sind. Bei mir war die Einwanderung nach Deutschland ein Schicksal, das man nicht richtig erklären kann. Es hat mich sehr viele innere Kämpfe gekostet, darüber zu berichten. Ich teile nicht das Schicksal eines „typischen" Einwanderers oder Gastarbeiters, aber mein Weg war mit ähnlichen Schwierigkeiten gepflastert. Während meines Aufenthalts in Deutschland gab es auch Zeiten, in denen ich meine Entscheidung bereut habe. Die Schuld dafür habe ich jedoch immer bei mir selbst gesucht, und nicht im Land selbst. Ich lernte in manchmal sehr schmerzhaften Prozessen das Land zu schätzen und zu respektieren.

Die größte Prüfung war jedoch, auf beiden Seiten des Rheins gegen tiefe Vorurteile zu kämpfen, die leider bis heute stark verankert sind. Nach einer Phase der Aufhellung oder Verringerung der Unterschiede wurden die Vorurteile nach meiner Wahrnehmung jedoch in den letzten Jahren wieder stärker.

Die Entscheidung, Deutscher zu werden, war die schwierigste Entscheidung meines Lebens. Sie wurde jedoch erleichtert dadurch, dass ich davor einen wunderbaren Menschen getroffen und geheiratet habe, die für mich durch Dick und Dünn gegangen ist. Ich bereue nicht, Deutscher geworden zu sein. Das heißt aber nicht, dass ich mir eine kritische Betrachtung meiner neuen Heimat ersparen kann. Und weil meine neue Heimat für mich so wichtig ist, bemühe ich mich darum, aus meiner Sicht stattfindende Fehlentwicklungen aufzuzeigen.

Dieses Buch wäre nicht zustande gekommen ohne die wertvolle Hilfe meiner Ehefrau. Ich habe dieses Buch aus der Erinnerung geschrieben, da ich keine Tagebücher oder sonstige Notizen angefertigt hatte. Ich habe lediglich ab und zu einmal historische Gegebenheiten selektiv geprüft. Die Kritik an lebenden Personen habe ich nicht persönlich gemeint, sondern immer nur aus der Sache heraus. Sollte sich jemand in seiner Ehre und Würde verletzt fühlen, so bitte ich um Nachsicht.

2. Familie und Herkunft

Als Jahrgang 49 bin ich in eine „gespaltene" Familie hineingeboren. Gespalten insoweit, als dass meine Mutter aus einer adeligen, sehr konservativen Familie stammend mit den Werten des 19. Jahrhunderts behaftet war. Deren Familienoberhaupt war ein Patriarch. Seine Ansichten und Worte galten als Gesetz. In diesem Teil der Familie wurden kein Widerspruch und keine Diskussion geduldet. Oberste Maxime des Patriarchen war die Vermehrung der Familie durch Heirat oder die Erhöhung des sozialen Standes durch Ausbildung.

Großvater mütterlicherseits führte eine strenge Kontrolle der Ausbildung seiner Enkelkinder durch. So war es selbstverständlich, dass ihm bei jedem Quartalszeugnis alle Noten und Bewertungen der Enkelkinder vorgelegt wurden. Todsünde war, wenn eines der Kinder eine schlechtere Note als eine Eins hatte. Zudem war es Pflicht, dass jeden Sonntag die Familie inklusive aller Enkelkinder in Sonntagsanzügen an einem großen Tisch zum Mittag- und Abendessen anwesend war. Großzügiger Weise billigte Großvater mütterlicherseits gewisse Freiheiten am Tisch für die Kinder unter fünf Jahren. Alle Kinder, die älter als fünf Jahre alt waren, mussten die „guten Manieren" beherrschen.

Mein Cousin und ich waren von Geburt an Linkshänder. Großvater mütterlicherseits trug dafür Sorge, dass wir beim Essen und beim Schreiben die linke Hand auf den Rücken geschnallt bekommen haben. Darunter leide ich bis heute.

Keine Entscheidung über die Ausbildung, Weiterbildung, Verbindung oder Heirat durfte ohne die ausdrückliche Zustimmung des Großvaters mütterlicherseits getroffen werden.

Großvater mütterlicherseits machte den Kindern selbst nie einen Vorwurf, sondern den Müttern und Vätern. Ich sah oft meine Mutter weinen, weil entweder mein Bruder oder ich nicht die erwartete Note nach Hause brachten, oder weil wir am Sonntag vielleicht im Park Fußball spielten. Außerdem verzieh mein Großvater mütterlicherseits meiner Mutter nie, dass sie einen nicht standesgemäßen Ehemann ausgewählt hatte, obwohl mein Vater eine elitäre Universität („Ecole Polytechnique") absolviert hatte und dessen Vater immerhin über 30 Jahre Kapitän eines großen Frachtschiffs („Marine Marchande") gewesen war. Für hiesige Verhältnisse war das die Oberklasse des Bürgertums, aber eben nicht adelig.

Großvater väterlicherseits war das Gegenteil meines Großvaters mütterlicherseits. Er liebte meine Mutter und seinen Sohn abgöttisch, war mehrsprachig und weltoffen. Und vor allem war er für seine Zeit sehr fortschrittlich und tolerant. Aufgrund seiner beruflichen Erfahrung war er sowohl politisch als auch ökonomisch stets im Bilde (selbst im hohen Alter). Großvater väterlicherseits war aufgrund dessen, dass meine Mutter meinen Vater sehr oft bei seinen Dienstreisen begleitet hat, immer für uns Kinder da. Er erzog uns liebevoll mit und förderte von jungen Jahren an sehr stark unser kritisches Denken. Zudem war Großvater väterlicherseits ein ausgesprochen ebenbürtiger Gegner meines Großvaters mütterlicherseits. Erstaunlicherweise respektierte Großvater mütterlicherseits ihn stets. Ein einziges Mal war ich Zeuge einer Auseinandersetzung zwischen Großvater väterlicherseits und Großvater mütterlicherseits und war erstaunt, wie Großvater väterlicherseits sich durchgesetzt hat.

Mein Großvater väterlicherseits brachte den Kindern stets bei, jeden Menschen und jedes Tier zu respektieren, egal, wie er oder es sich verhielt und achtete stets darauf, dass wir, selbst wenn wir tief verletzt wurden, die Contenance nicht verloren.

Großvater väterlicherseits brachte uns auch bei, dass Geschichte und Geopolitik sowie das vernetzte Denken eine Voraussetzung fürs Leben sind. Er hat nie auf die Noten in der Schule gepocht. Die Noten waren für ihn ein notwendiges Übel, das niemals ein Kind in seiner Entwicklung behindern sollte. Großvater väterlicherseits hat stets darauf geachtet, dass sowohl mein Bruder als auch ich gegenüber unseren Nachbarn und Mitmenschen eine gewisse soziale Kompetenz an den Tag legten.

Ein Onkel der Familie mütterlicherseits, Onkel Joseph, darf in diesen Schilderungen nicht vergessen werden, denn er war in den Augen des Großvaters mütterlicherseits das „Schwarze Schaf" der Familie. Mit dem abgeschlossenen Philosophiestudium hat er sich an keine Konvention gehalten. Er nahm sich alle denkbaren und undenkbaren Freiheiten. Er verführte die Kinder zum „Unsinn", er stellte stets die Autorität seines Vaters öffentlich in Frage, begehrte allgemein gegen jegliche Art von Autorität auf. Er konnte wunderschön Geschichten und Märchen erzählen und hatte auf alle Kinder der Familie einen enormen Einfluss. Trotz ihrer häufigen Frivolität besaßen seine Geschichten immer einen tiefen moralischen Wert. Er nahm uns stets vor Großvater mütterlicherseits in Schutz, selbst dann, wenn er Auseinandersetzungen riskierte. Zudem war er die eigentliche Vertrauensperson seiner Mutter und seiner Geschwister gegenüber meinem Großvater mütterlicherseits.

Nicht zu vergessen ist, dass ein Sohn meines Großvaters mütterlicherseits ins Konzentrationslager gebracht wurde, weil er Kommunist war. Er starb in Buchenwald. Darum war Deutschland für meine Familie mütterlicherseits ein „rotes Tuch". Während Großvater väterlicherseits eine relativ „objektive" Geschichte von Deutschland zeichnete, fand Großvater mütterlicherseits nichts Gutes in der gesamten deutschen Geschichte. Er sprach sogar den deutschen Denkern und Philosophen ihren Rang ab. Das wiederum wurde von Großvater väterlicherseits und meinem Onkel nicht toleriert. Ich werde nie vergessen, dass ich einmal im Ersten Teil des Abiturs eine Hausarbeit über Kant schrieb, welche von der ganzen Familie bejubelt, von Großvater mütterlicherseits allerdings heftigst kritisiert wurde, weil Kant ein deutscher Philosoph war. Nach dem Tod meines Großvaters erfuhr ich, dass er mit Heidegger (deutscher Philosoph des 20, Jahrhunderts) befreundet gewesen war und dass er ihm nie verziehen hatte, dass er eine Rolle bei der Nazi-Propaganda gespielt hatte.

Väterlicherseits sollte ebenfalls ein Onkel erwähnt werden, der Professor für Jura war und der die gesamten Juristen der Welt für Scharlatane hielt. Sein üblicher Spruch war: „Den achten Fluch, den der liebe Herrgott auf die Erde gebracht hat, sind die Juristen." Dieser Onkel war für uns Kinder sehr spröde und passte nicht zur Familie väterlicherseits, obwohl er bei den Damen einen gewissen Ruf genoss.

Zu meiner Mutter sei gesagt, dass sie ihre Karriere als Absolventin der „Ecole Normale Superieure" (ENS) begann. Das heißt, sie war prädestiniert an einer Universität oder Hochschule zu lehren. Sie war sanft und bildhübsch. Sie hatte schöne, blaue Augen und war stets elegant gekleidet. Sie achtete stets darauf, dass wir Kinder und sie selbst eine Verbindung zur europäischen Literatur pflegten. Sie hatte sowohl das kleine als auch das große Latinum und sprach vier Sprachen. Sie starb relativ jung.

3. La „Rue du Dr. Gustave Rioblanc"

3.1 Die Straße

Wir wohnten an zwei verschiedenen Orten. Zum einen in Paris wegen der Arbeitsstelle meines Vaters und zum anderen in unseren Haupthäusern in einem Ort am Mittelmeer. An diesem Ort gab es zwei vornehme Wohnviertel. Das eine Wohnviertel war die „Corniche", eine zehn Kilometer lange Straße entlang des Mittelmeers. An einer Seite befanden sich der Strand und das Meer, an der anderen Seite Villen und Herrenhäuser aus den Jahren 1870-1920. Das andere vornehme Viertel war in der Stadt, ebenfalls in der Nähe des Strands und des Hafens gelegen. Das Viertel hieß Quartier de France. Dieses Viertel hatte etwa sechs Straßen, davon eine die „Rue du Dr. Gustave Rioblanc". Diese Straße war ca. 300m lang und verlief bis zur Strandpromenade. Hier standen nur Häuser der „Belle Epoche". Diese Häuser hatten grundsätzlich fünf Stockwerke. Auf jeder Ebene waren Balkone. Nicht weit weg von der Straße war eine katholische Kirche, davon nicht weit entfernt befand sich eine evangelische Kirche. Wenige Straßen weiter befanden sich eine Synagoge und eine orthodoxe Kirche. Drei Kilometer entfernt lag eine Moschee.

Und in unserer Straße wohnten zwei Rabbi, ein katholischer und ein evangelischer Priester, ein Vorbeter für die Moschee und ein „orthodoxer Priester", drei atheistische Philosophen, ein Buddhist, ein deutscher „Deserteur", drei Maler, ein Opernsänger und eine Opernsängerin, meine Musiklehrerin Madame Fyhole.

In der Straße lebten neben mehrere Familien aus französischem oberem Bürgertum auch jüdische Familien, Bürgertum aus Italien und Sizilien und Malta, zwei englische Familien, eine amerikanische Familie, drei weißrussische Familien, aus einer davon stammte meine Mathematik-Lehrerin, Madame Scharinsky, ein Monsieur Hans und ein Monsieur Boubaker, ein politischer Gegner von Mohammed V von Marokko. In diesem Mikrokosmos wurden wir Kinder von der gesamten Straße miterzogen. Selbstverständlich wurden wir alle betreut, wenn ein Teil der Familie zeitlich eingebunden war. Alle Feiern fanden auf der Straße statt. Und da fast 230 Tage Sonne im Jahr war, fand für uns Kinder ein Teil unseres Lebens auf der Straße statt. Ich werde nie vergessen, wie die Frauen morgens die langen Esstische entlang der Straße aufstellten und des Öfteren bis spät in die Nacht gegessen und diskutiert wurde.

Selbstverständlich waren die Kinder dabei. Wir haben gespielt oder den Erwachsenen zugeschaut. So haben die beiden Rabbi, der katholische, der evangelische und der orthodoxe Priester und der islamische Vorbeter lange und kontrovers diskutiert, obwohl sie enge Freunde waren. Diese Diskussionen waren umso kontroverser, wenn die atheistischen Philosophen sich einmischten. Selbstverständlich haben diese Gelehrten der Religionen stets versucht, uns mit allen möglichen Argumenten auf ihre Seite zu ziehen.

Ich werde nie vergessen, dass die Frauen manchmal von den Diskussionen so die Nase voll hatten, und davon, dass sie stets für die Versorgung von Essen und Trinken zuständig waren, während die Herren nichts taten. Wir Kinder fühlten uns dort stets behütet. Auch wenn wir nur einen kleinen Bruchteil dessen verstanden, was gesagt wurde, war keine Berührungsangst vor dem „schwarzen Mann", den Juden oder Arabern zu spüren. Selbstverständlich haben sich alle Erwachsene für uns Kinder verantwortlich gefühlt und versucht uns von Allem das Beste zu geben und zu lehren.

Dieser Mikrokosmos hat mich seither ständig in meinen Gedanken begleitet. Mit unserem Umzug nach Paris zerbrach er.

Als die Straße erfuhr, dass wir nach Paris umziehen würden, damit die Kinder in ein elitäres Gymnasium gehen konnten, wurden unsere Familie und wir Kinder zusammengerufen und auf das Stärkste gewarnt: Die Leute aus dem Norden wären eiskalt, sie würden hinter der Arbeit herrennen, sie könnten nicht genießen und schon gar nicht diskutieren, außerdem wären sie arrogant und dumm und es sei im Norden eiskalt und es regnete mindestens 300 Tage pro Jahr. Diese Menschen könnten sich nicht über Kleinigkeiten freuen.

Als ich vor ein paar Jahren eine Komödie über die Leute in Südfrankreich und Nordfrankreich sah, dachte ich direkt an diese Szene. Ich glaube mit dem Auszug aus dem sonnigen Süden nach Paris war ein Teil meiner glücklichen Kindheit abgeschossen, die ich trotz des Drucks meines Großvaters mütterlicherseits hatte.

3.2 Zusammenfassung

Die oben genannten Personen haben mich sehr geprägt und an der Formung meiner Persönlichkeit mitgewirkt. Ich bin jedem dankbar, insbesondere meinen Eltern und Großeltern. Denn sie haben mitgeholfen, eine Kernsicherheit in meiner Person aufzubauen und vor allem haben sie mir beigebracht nicht beim kleinsten Versagen aufzugeben. Zudem haben sie mir durch ihr Verhalten und ihre Zurechtweisungen bei Fehlverhalten geholfen meine Person zu sozialisieren.

Die Werte, die mir vorgelebt wurden, waren stets der wichtigste Kompass in meinem Leben. Toleranz, mich in mein Gegenüber hineinzuversetzen, Respekt gegenüber seiner Person und seinen Werten, auch wenn ich nicht seiner Meinung bin und seine Werte meine Interessen stören, und das Gefühl eine sichere Identität zu haben, haben mir stets in den schwierigen Zeiten meines Lebens geholfen.

Das Annehmen von Risiken und die Bereitschaft dafür den Preis zu bezahlen, waren aufgrund dieser Erziehung eine Selbstverständlichkeit für mich.

Die Schuld erst bei mir selbst zu suchen und nicht Dritten zuzuordnen habe ich durch diese Erziehung gelernt. Dafür bin ich dieser kleinen Insel bis heute sehr dankbar.

3.3 Wichtigste Erkenntnisse

Nach all den Jahren habe ich diese kleine Insel immer noch vor Augen. Wenn ich mein Leben Revue passieren lasse, muss ich sehr dankbar sein, dass ich ohne mein Zutun die Chance erhielt in einem solchen kleinen Kosmos meine wichtigsten Jahre verbringen zu dürfen. Es ist erstaunlich, wie harmonisch eine solche Gruppe von Menschen, die so verschieden sind, sei es im Glauben, sei es beruflich, sei es in der Herkunft, sei es in der Sozialisierung zusammen leben kann. Es ist erstaunlich, dass eine solche Gruppe die Erziehung ihres wertvollsten Gutes, nämlich ihrer Kinder, auch Fremden auftrug, ohne Angst zu haben, dass den Kindern möglicherweise falsche Werte, der falsche Glauben, die falsche Sicht beigebracht würde. Ein wesentliches Merkmal der Straße war, dass alle Bewohner mehr oder weniger die gleichen Werte in sich trugen, basierend auf der gleichen Ethik.

Heute wünsche ich mir an manchen Tagen, dass keine Religionen mehr auf der Erde vorhanden wären, sondern nur noch eine gemeinsame Ethik für alle Menschen gelten würde. Wir Kinder erhielten damals Einsicht in alle vorhandenen Religionen, leicht beigebracht, ohne Verkrampfung, parallel dazu wurde aber größter Wert auf die Entwicklung unseres kritischen Denkens gelegt. Ich werde die folgenden Worte von Professor Cuvillier nicht vergessen: „Mit Beginn der Denkfaulheit einer Zivilisation fängt ihr Niedergang an."

Ich bin dankbar, dass dieser kleine Kosmos mir die nötigen Werkzeuge an die Hand gegeben hat, die manchmal im Leben von Nöten sind. Ich bin diesem kleinen Kosmos dafür dankbar, mir beigebracht zu haben, mich selbst nicht für so wichtig zu halten. Ich bin diesem Kosmos dankbar dafür mir beigebracht zu haben, nicht allein auf die äußere Erscheinung zu achten, um Menschen oder ihr Verhalten zu beurteilen, sondern mir vielmehr die Zeit zu nehmen, das Innere zu sehen. Ich werde nie den Rat des Monsieur Tseng vergessen, der mir sagte: „Wenn du über jemanden redest, dann nur Gutes, dann brauchst du auch nicht leise zu reden oder willst du über jemanden reden, dann rede mit und nicht über ihn."

In meinen alten Tagen sehne ich mich sehr oft nach einem ähnlichen Ort, wo die Menschen relativ unbekümmert und trotzdem nach einer gewissen Ethik leben.

4. Lycée Louis le Grand und L'Ecole Nationale Superieure des Arts et Metiers

Großvater mütterlicherseits hat ohne Abstimmung mit Großvater väterlicherseits oder meinem Vater bestimmt, dass ich in das Gymnasium Lycée Louis le Grand zu gehen hatte. Dies provozierte wieder einmal einen Familienstreit. Ohne Rücksicht auf die Familie hatte Großvater mütterlicherseits mich an der Schule angemeldet. Was mein Großvater mütterlicherseits meinen Eltern nicht sagte war, dass alle diese Lycéen mit Internaten verbunden waren. So sah ich mich gezwungen, an einem 3. Oktober mit vorgeschriebener Uniform in Paris zu sein, um auf diese Schule zu gehen.

Außer der Ausgeh-Uniform hatte ich einen grauen Kittel, den ich häufig trug. Selbstverständlich sollten alle Kinder ohne Ansehen des sozialen Rangs gleich angezogen sein. Im Internat wurde eine quasi militärische Ordnung geführt. Aufgestanden wurde um sechs Uhr morgens, es folgten 30 Minuten Sport, eine kalte Dusche, anziehen und um Punkt 7.15 wurden im Speiseraum Kaffee und Brötchen gefrühstückt. Um Viertel vor Acht hatte man eine Viertelstunde Zeit für Persönliches. Um acht Uhr früh fingen die Schulstunden an. Zuerst wurde allgemeine Mathematik gelehrt, nach der Pause um zehn Uhr gab es Philosophie oder Sprachen, von Zwölf bis halb eins war erneut Zeit für Persönliches, um halb eins wurde im Speiseraum Mittagessen eingenommen. Danach wurde geschlafen, um halb zwei gab es erneut Zeit für persönliche Freiheiten. Von zwei Uhr bis vier Uhr wurden Geopolitik und Methoden unterrichtet, danach war Tee Pause, von halb fünf bis sechs Uhr wurden Philosophie, Sprachen oder Naturwissenschaften gelehrt, danach Abendessen, von 19-20 Uhr wurden Hausaufgaben gemacht, von 20-21 Uhr konnte man Kleider waschen und aufräumen, von 21-22

Uhr wurde die Zeit mit Freunden verbracht, dann wurde das Licht gelöscht. So ging es fünf ein halb Tage die Woche. Samstags Nachmittag, wenn wir artig waren, und nicht nachsitzen mussten, durften wir ins Kino oder zum Fußball gehen, Sonntag früh mussten wir von 10-12. Uhr. Schwächen der Woche ausbügeln. Sonntags Nachmittag hatten wir frei. Nach Hause durften wir alle sechs Wochen, ein Wochenende, vorausgesetzt, dass wir den Anforderungen der Schule entsprochen hatten.

Nach bestandenem Abitur (ich habe im Gymnasium 2 Klassen übersprungen) hat mein Großvater mütterlicherseits mich bei der Grande Ecole Nationale des Art et Metiers angemeldet, eine elitäre Schule, die 1789 von Rochefoucauld gegründet wurde, um den besten Franzosen technisches bzw. allgemeines Ingenieur Wissen beizubringen. Ein Jahr vor meinem Beitritt wurde ein neues Fach ins Leben gerufen, nämlich Wirtschaftsingenieur. Diese Richtung wurde jedoch einige Jahre später von Mitterand wieder abgeschafft. Auch der Tagesablauf dieser Schule war so wie im Gymnasium relativ militärisch organisiert. Die Schule wurde mehrfach reformiert, insbesondere unter Francois Mitterand, sodass die Qualität der Absolventen etwas nachgelassen hat, ist aber auch heute noch eine der namhaftesten Ingenieurschulen Frankreichs.

Was man in Deutschland und anderen Ländern von der französischen Mentalität nicht verstand: wir wurden in dieser Schule im Glauben, dass wir eine Elite seien, erzogen. Das Wort Elite war in dieser Schule und allgemein in Frankreich damit verbunden, dass man sein Leben lang durch sein Zutun die Gesellschaft etwas menschlicher zu gestalten hatte. So wurde jeder Jahrgang mit einem historisch bedeutsamen Namen verbunden und eine damit verbundene Hymne oder Lied gesungen. Mein Jahrgang war verbunden mit Napoleon. Das hieß, dass die gestellten

Anforderungen an diesen Jahrgang strenger waren, als an die vorhergehenden oder nachfolgenden. Das Lied, das mit meinem Jahrgang verbunden war „Le rêve passe"- eine Hymne an die napoleonische Zeit. Dieses Lied hat mich mein Leben lang verfolgt wie eine Verpflichtung.

Zudem besteht eine andere Verpflichtung für die Schüler, die bei Eintritt in der Schule unterschrieben wird, nämlich die Pflicht anderen Schülern dieser Schule zu helfen und sie zu unterstützen. Diese Art von Verpflichtungen können Außenstehende kaum verstehen oder nachvollziehen.

Bei Hausarbeiten und Prüfungen galt nicht die reine Durchschnittsnote, sondern es wurde nur eine bestimmte Anzahl der besten Noten und der besten Schüler berücksichtigt und in eine höhere Klasse versetzt. Dazu gab es die Möglichkeit eine Klasse zu überspringen. Ich hatte das Glück oder Pech zwei Klassen zu überspringen. Dieser Turnus ging bis zum ersten und schließlich zum zweiten Baccalaureat. Hatte man diese beiden Formen des Abiturs erreicht und war wiederum unter den Besten, so musste man eine Aufnahmeprüfung für eine der sieben elitären Hochschulen Frankreichs machen. Dort wiederum bestimmte mein Großvater mütterlicherseits, dass mein Cousin zur „Ecole Polytechnique" und ich zum „Institut Les Art et Metiers" gehen sollte, was wiederum einen großen Streit zwischen meinem Vater und Großvater väterlicherseits auf der einen Seite und Großvater mütterlicherseits auf der anderen Seite auslöste. Seitdem versöhnten sie sich nicht mehr. Ich muss bemerken, dass meine Mutter zu diesem Zeitpunkt bereits drei Jahre tot war.

Die normale Ausbildungszeit dieser Hochschule betrug eigentlich vier Jahre. Ich weiß bis heute nicht, warum ich für diese Ausbildung nur zwei Jahre gebraucht habe. Ich schloss die Hochschule mit dem Prädikat „gut" als 17. von 50. Absolventen ab.

Während dieser Ausbildung wurden uns verschiedene Werkzeuge indoktriniert. Diese Werkzeuge haben mir in meinem Leben sehr geholfen. Unter anderem umfangreiche Übungen in „vernetztem und analytischen Denken". Zudem wurden uns Werkzeuge an die Hand gegeben, um sehr schnell von der Realität zu abstrahieren. Dies half mir insbesondere in Deutschland sehr. Außerdem hatten wir, obwohl die Ausbildung zum Wirtschaftsingenieur im Vordergrund stand, Zugang zu Philosophie und Ethik.

Zwei Tage nach meinem Abschluss sah ich zum ersten Mal meinen Großvater mütterlicherseits mit einem gewissen Stolz auf meinen Cousin und mich. Zum ersten Mal erhielten wir große Geldscheine von meinem Großvater als so genannte Belohnung. Es wurde eine Familienzusammenkunft ohne meinen Vater und meinen Großvater väterlicherseits einberufen.

5. Die Entscheidung nach Deutschland zu gehen

Großvater eröffnete mir und meinem Cousin, dass er gute Ehe-Partien für uns ins Auge fasste: An einer langen Tafel sitzend verkündete er vor der Familie, dass ich die Tochter des Geschäftsführers von Mine Usine und mein Cousin die Tochter eines Werftinhabers heiraten sollte.

Zwei Tage später bat uns unser Großvater mütterlicherseits in den Park zu kommen. Zwischen den Platanen, ca. 200m entfernt, stand ein Mädchen, dass ich nur im Profil sehen konnte.

Großvater nahm mich an der Hand und zeigte auf das Mädchen: „Schau Michou, das ist deine Braut." Dann ging er weiter und zeigte für meinen Cousin ebenfalls auf ein Mädchen.

Ich konnte beide Mädchen kaum sehen, nur, dass das eine langes und das andere kurzes Haar hatte. Gesichter konnten wir nicht sehen.

Danach im Haus, wo er uns großzügiger Weise kalte „Orangina" einschenkte, sahen wir unseren Großvater fröhlich mit den beiden „zukünftigen Schwiegervätern" lachen und diskutieren. Wir beide gingen, vollkommen erschlagen von diesen Informationen, früh ins Bett. Wir wussten nicht mit der Situation umzugehen.

Wir schliefen im gleichen Zimmer in zwei verschiedenen Betten. Mein Cousin weckte mich gegen sechs Uhr morgens. Er war völlig aufgeregt. „Das lassen wir uns nicht bieten", sagte er. Ich, schlaftrunken, realisierte kaum, was er sagte. Mein Cousin fragte mich: „Willst du das?" „Nein", antwortete ich. „Was sollen wir tun?" Mein Cousin erzählte mir, dass am gleichen Tag abends in einem amerikanischen Club in der Stadt eine große Party stattfinden würde, die er besuchen würde, um zu schauen, ob er in die USA reisen wollte.

„In welches Land würdest du gehen", fragte er mich. Ohne irgendwie zu überlegen, aber wissend, dass ich die USA hasste, war meine Antwort: „Deutschland".

Mein Cousin fragte mich, ob ich das riskieren wolle. Es würde einen Knall größten Ausmaßes in der Familie bedeuten. „Mir egal", antwortete ich. „Die nehmen auf mich auch keine Rücksicht."

Weil wir noch nicht volljährig waren, war ich unsicher. Ich fragte meinen Cousin: „Wer kann uns überhaupt helfen, Papiere zu erhalten?"

„Onkel Joseph", sagte mein Cousin. „Der tut doch alles für uns." „Bringen wir ihn nicht in Schwierigkeiten", antwortete ich. „Der hat nichts mehr zu verlieren", antwortete mein Cousin.

Ich grübelte den ganzen Tag und rief meinen Großvater väterlicherseits an, um ihm die Neuigkeit mitzuteilen. Er war außer sich vor Wut auf meinen Großvater mütterlicherseits und schwor, dass dies nicht das letzte Wort sei. Er würde sich um die Sache kümmern.

Abends erfuhr ich im Fernsehen, dass de Gaulle bzw. das Kultusministerium mehrere Stipendien bereithielten, um Studien französischer Bürger in Deutschland zu ermöglichen.

Mein Cousin ging zu seiner Party und kam erst am nächsten Tag, schwebend auf Wolke Sieben, zurück. „Stell dir vor", sagte er „Eine bildhübsche Amerikanerin hat sich in mich verliebt und wir haben beschlossen, gemeinsam mit ihrem Vater, der Professor in Harvard ist, zurück nach Amerika zu gehen."

„Höchste Zeit", sagte ich. „Wir müssen zu Onkel Joseph gehen." „Wo erwischen wir den?", fragte mein Cousin.

„Ich glaube", so ich. „In der Bar „Des Petits Poetes". Dort trafen wir ihn bei einem Glas Ricard. Als er uns sah, fing er an zu lachen. „Ihr wollt doch was von mir? Und das nicht ganz legal?", scherzte er. Da Onkel Joseph bei den Familientreffen in den vorherigen Tagen nicht anwesend war, erzählten wir ihm die ganze Geschichte. „Das werden wir verhindern", sagte er mit rotem Kopf. Mein Cousin ließ seinen ganzen Charme spielen. Onkel Joseph konnte nicht widerstehen.

„Onkel", so mein Cousin. „Wir brauchen deine Unterschrift für unsere Pässe. Sonst können wir nicht ausreisen." „Das ist ungesetzlich", antwortete er. „Aber ich mache es".

So ging er zu seinem Notar und gab uns eine notariell beglaubigte Erlaubnis zur jeweiligen Erlangung eines Passes. Die gesamte Abwicklung dauerte den September 1966 über. Während dieser Zeit gab es die schlimmste Auseinandersetzung zwischen meinem Vater und Großvater väterlicherseits und Großvater mütterlicherseits, wobei mein Großvater mütterlicherseits von der Familie sehr isoliert war.

Mein Cousin und ich versuchten während dieses Monats viel die Zeit außer Haus totzuschlagen. Ich erhielt die Zusage der französischen Regierung für ein Stipendium in Deutschland und die Nachricht, dass wenigstens ein Teil meines Studiums in Deutschland anerkannt würde. Außerdem bekam ich die Möglichkeit zur Anmeldung an einem Goethe-Institut zum Erlernen der deutschen Sprache.

Mein Cousin erhielt ein Einreisevisum zum Aufbaustudium in Harvard. Dies wurde vor allem mit Hilfe des Vaters seiner amerikanischen Freundin ermöglicht.

Als wir alle nötigen Papiere und die Reisedokumente, die wir benötigten, beisammen hatten, riefen wir die ganze Familie, väterlicher und mütterlicher Seite, an einem Samstag Ende September zusammen und eröffneten, dass mein Cousin in den nächsten Tagen in die USA fliegen würde, was für die damalige Zeit außergewöhnlich war und ich nach Deutschland fahren würde. Der Knall war schlimmer als wir erwartet hatten. Wir erhielten sofort Hausarrest und wurden gemeinsam in einem großen Zimmer eingeschlossen.

Pech für meinen Großvater mütterlicherseits, der die Sache vorantrieb, war nur, dass die Fenster dieses Zimmers im ersten Stock nicht richtig zu schließen waren, sodass Onkel Joseph uns in der Nacht befreien konnte. Am nächsten Tag flog mein Cousin mit Wissen seines Vaters und in Begleitung seiner Mutter von Orleans in die USA und ich fuhr mit dem Zug in Begleitung von Großvater väterlicherseits und Onkel Joseph (mein Vater war zu diesem Zeitpunkt nicht im Lande) Richtung Deutschland.

Wir hinterließen die Information, dass wir Urlaub in unserem Landsitz in St. Raphael machten.

Ich fuhr über Köln, Frankfurt und München nach Kochel am See, ein kleiner Ort mit ca. 1000 Einwohnern und mein Cousin flog in die USA zu seinem geliebten Harvard.

Direkte Telefonate aus dem Ausland waren schwierig durchzuführen, also bedienten wir uns Telegrammen. Dabei musste ich feststellen, dass mein Telegramm nach der Eingabe und Übersetzung so viele Fehler enthielt, dass es kaum mehr zu entziffern war. Das gleiche galt auch für meinen Cousin.

Zehn Tage später riefen mich mein Großvater väterlicherseits und mein Vater, der wieder im Lande war, an und waren am Telefon sehr lieb. Sie erzählten mir, dass es eine sehr tiefgreifende Auseinandersetzung zwischen den beiden Familien gegeben hatte und dass ich vom Großvater mütterlicherseits verstoßen wäre. Ich wäre für ihn wie tot. Mein Cousin sei ebenfalls zur Persona non grata geworden.

Großvater mütterlicherseits hatte sein Gesicht verloren, weil er sein Wort bei seinen Freunden für die Hochzeiten gegeben hatte.

Vater und Großvater väterlicherseits versicherten jedoch, dass ich mir um mein Erbe keine Sorge machen müsse, und dass das letzte Wort noch nicht gesprochen sei. Daraufhin erwiderte ich, dass ich kein Erbe in irgendeiner Form anstrebe, sondern mein Glück selbst suchen würde. Eine Woche später, an einem Wochenende, rief mich mein Cousin aus Amerika an. Er hatte drei Stunden auf den Anschluss gewartet. Er berichtete über die Freiheiten und das ungezwungene Leben in Amerika. Ob ich nicht doch in die USA kommen wolle, wollte er von mir wissen. „Nein", antwortete ich. „Ich habe mich für dieses Land entschieden." Er versuchte mich nicht mehr davon abzubringen. Eine Woche später rief Onkel Joseph an. Auch er hatte zwei Stunden warten müssen, um mit mir zu reden. „Und was macht eigentlich die Kälte in Deutschland?", wollte er wissen. „Stimmt es, dass -30 Grad sind? Wie schmeckt das deutsche Bier? Wie hübsch sind die deutschen Mädchen?"

Er fragte, ob ich schon eine Freundin hätte, er glaubte nicht, dass ich mich in eine Deutsche verlieben würde. „Wenn du Heimweh hast, ruf erst mich an", sagte er zum Abschied.

6. Die Lehrjahre der deutschen Sprache

Ich werde nie vergessen, wie ich im Zug von Paris über Köln fuhr und in Frankfurt in einem Hotel am Flughafen übernachten musste. Dort fand meine erste Begegnung mit einem Deutschen auf deutschem Boden statt. Die ersten Worte, die ich hörte, waren: „Man spricht hier Deutsch. Kein Englisch oder Französisch." Der Rezeptionist nahm meinen Pass und tat so, als würde er lesen, behielt ihn aber eine Stunde und ließ mich so lange warten, um mir dann endlich ein Zimmer zu zuweisen.

Mit Händen und Füßen habe ich versucht ihm klar zu machen, dass ich am nächsten Morgen spätestens um halb sieben aufgeweckt werden müsste. Und ich war glücklich, dass der Nachtportier Spanisch verstand und mir half.

Am nächsten Tag fuhr ich nach München, um von dort den Bus nach Kochel am See zu nehmen. Dort kam ich am frühen Nachmittag ohne weitere Zwischenfälle an. Angekommen in Kochel musste ich mich direkt beim Goethe-Institut melden.

Wir waren etwa zehn Neulinge. Zwei Franzosen, einer aus Nicaragua, ein Mann aus dem Sudan, ein Mann aus Taiwan, jemand aus Bolivien und Argentinien, zwei Amerikaner und zwei Japaner.

Wir waren froh, dass die Empfangsdame sehr gut Französisch konnte. Wir wurden auf mehrere Häuser verteilt. Der Sudanese, der Argentinier und ich kamen gemeinsam in ein Haus. Jeder hatte sein eigenes Zimmer, die Toiletten waren auf dem Flur, jedes Zimmer hatte aber ein kleines Waschbecken mit Spiegel. Eine ältere Frau, nach meiner Erinnerung über 75 machte uns von Anfang an klar, dass die Schuhe bitte vor der Tür zu lassen seien und wir stattdessen Filzpantoffeln tragen mussten. Da ich das Internat gewohnt war, empfing ich das mit Humor. Die Frau verstand das nicht.

Im Haus gab es Regeln: Es gab kein Essen auf den Zimmern, keinen Frauenbesuch, um 22.00 Uhr musste das Licht ausgemacht werden, duschen oder baden war für uns nur am Freitag zwischen 17-20 Uhr erlaubt.

Beim Verlassen des Hauses mussten wir die Tür mit dem Schlüssel abschließen. Wir konnten das Telefon der Vermieterin nicht benutzen, sondern sollten jenes im Goethe-Institut benutzen.

Samstags und Sonntags musste dafür Sorge getragen werden, dass wir nicht zu viel auf den Zimmern waren.

Kochel am See besaß mit seinen 1000 Einwohnern ein Postamt, eine Bahnhaltestelle, ein Kino, zwei Gasthöfe, einer davon war Vertragspartner des Goethe-Instituts zwei Coop-Märkte, ein Fahrrad-Geschäft, einen Tanzsaal und drei Geschäfte für Souvenirs.

Am nächsten Tag, einem Dienstag, mussten wir uns gegen acht Uhr beim Goethe-Institut im Sekretariat melden. Wir wurden zusammengetrommelt und ein älterer Arzt und eine Krankenschwester haben uns wie „Viecher" über zwei Stunden lang auf ansteckende Krankheiten untersucht.

Mit der Mittagspause wurden wir entlassen. Man eröffnete uns, dass wir mit Essens Bons morgens und abends, allerdings nur montags bis freitags, Essen im Gasthof bekommen würden. Am Wochenende bekamen wir nichts zu essen und mussten es aus privater Tasche finanzieren.

An diesem Dienstagnachmittag hatten wir frei. Abends gingen wir zum Gasthof. Ich muss zugeben, dass das erste „bayrisch-deutsche Essen" für mich ein Schock war. Es fing an, dass es nicht wie für mich gewohnt Baguette gab, sondern Schwarzbrot. Dazu gab es Suppe und anschließend Eisbein mit Sauerkraut. Ich konnte nur einen

Bruchteil davon essen, was die Wirtin erzürnte. Da ich absolut kein Bier trinken wollte, gab sie mir Wasser aus der Leitung.

Am nächsten Tag fuhren wir um acht Uhr zum Goethe-Institut, wo wir Frühstück bekamen. Es gab nur Schwarztee mit Milch. Kaffee war verboten. Ich habe mein Möglichstes getan, um dieses Mal normal zu frühstücken.

Danach wurden wir mit Kopfhörern und Mikrophonen in Vokalen der deutschen Sprache trainiert. Das ging bis Mittag und war sehr mühsam. Mittags gingen wir wieder zum Gasthof. Diesmal gab es Wirsing und dicke Wurst. Ich aß erneut nur einen Bruchteil. Am Nachmittag hatten wir eine Aufklärung über Verhaltensregeln in Deutschland. Hier muss ich festhalten, dass ich, dank meines Wissens über die ganze deutsche Geschichte aus französischer Sicht, eigentlich gut informiert war. Was ich dort erlebte, hatte aber nichts mit dem zu tun, was ich bereits gelesen und gelernt hatte. Dies war für mich befremdlich.

Am Abend ging ich mit Dr. Said, dem Sudanesen, einem bereits approbierten Arzt, der seinen Facharzt in Deutschland machen wollte, zum Gasthof. Er war mindestens 30 Jahre älter als ich. Dr. Said stellte mir ein paar anwesende deutsche Männer und Mädchen vor, die etwa Mitte 20 waren.

Sie sprachen etwas Französisch, kombiniert mit etwas Spanisch und Italienisch. Hier wurde ich zum ersten Mal mit Vorurteilen gegenüber Franzosen konfrontiert. Die erste Frage, die mir gestellt wurde, war, ob ich in Paris geboren war. Ich verneinte. „Dann kannst du kein richtiger Franzose sein", sagte eins der Mädchen. Als ich ihr eröffnete, dass ich in Südfrankreich, nicht weit von St. Tropez geboren wurde, fingen ihre Augen an zu glänzen.

„Ach, da hat Brigitte Bardot diesen frivolen Film gedreht?"
Ich bejahte dies. „Ach, Französinnen sind alle so leicht zu
kriegen?" Ich konnte diese Frage nicht beantworten.

Auch ob Franzosen nur demonstrierten und nicht arbeiten
würden, wurde ich gefragt. Auch hier blieb ich die Antwort
schuldig. Ein älterer Herr am Nebentisch fragte: „Sind alle
Französinnen so schmutzig?" Ich war gekränkt. Woher
sollte dieser alte Herr wissen, ob unsere Mädchen
schmutzig waren oder nicht, fragte ich mich. Vor meinem
geistigen Auge sah ich ein Bild meiner Mutter und
Huguette. Sie war meine erste Freundin gewesen. Huguette
war ein sehr lustiges und temperamentvolles Mädchen, die
meiner Seele immer sehr gut getan hatte. Und jemand wie
sie sollte plötzlich schmutzig sein? Davon hatte ich nie
etwas gemerkt. Und außerdem hatte sie drei Mal täglich
ihre Zähne geputzt und war immer sauber gekleidet
gewesen. Ich fragte mich, wie sie mit der Aussage des
Deutschen übereinkam.

Meine Mutter war ebenfalls stets elegant, badete jeden
Morgen. Wie sollte jemand wie sie schmutzig sein.

Ich schaute fragend in die Runde. Daraufhin nahm sich ein
ca. 25-jähriges Mädchen, groß und blond, sie hieß
"Kristine" meiner an und sagte zu mir laut über den alten
Herren: „Ach, er war zwar in Paris als Soldat, aber hat noch
nie was mit einer Frau gehabt."

"Kristine" konnte, Gott sei gelobt, gut Italienisch, sodass ich
mit ihr sehr lange Gespräche führte. Am späten Abend
fragte sie mich, ob alle Franzosen den Ruf eines Casanovas
hätten. Ich lächelte verlegen. Im Nachhinein glaube ich,
dass meine Verlegenheit bei ihr etwas auslöste.

Am nächsten Tag war wieder Unterricht im Goethe-
Institut. Wiederum lernten wir und gingen im Gasthof
essen. Gegen 17.00 Uhr wartete „Kristine" beim Goethe-

Institut auf mich. Sie schlug vor, in den benachbarten Ort zu fahren, dort gäbe es ein wunderschönes Restaurant am See.

Was ich nicht wusste war, dass der Gasthof eine indirekte Aufsichtspflicht über uns Schüler hatte. Meine Abwesenheit wurde dem Sekretariat gemeldet. Am nächsten Tag wurde ich dorthin zitiert. Man fragte mich, wie es mir ginge.

„Es geht mir gut", sagte ich. „Ich war mit einer Deutschen in Walchensee".

Ich wurde gemaßregelt, ich sei dort nicht versichert und sollte in Zukunft einen Antrag über ein Verlassen von Kochel am See stellen.

In meinem jugendlichen Leichtsinn achtete ich diese Vorgabe nie, sodass "Kristine" und ich ein Paar wurden, was wiederum im ganzen Dorf und im Goethe-Institut zu tagtäglichen neuen Gerüchten über uns führte.

So liefen die Monate bis Dezember. Vom 25. Dezember bis zum 3. Januar war der Lehrbetrieb im Goethe-Institut geschlossen. Wir sollten im Gasthof essen und uns in der Gegend erholen. Wollten wir nach Hause, mussten wir acht Tage vorher einen Antrag stellen. "Kristine" nahm mich mit zu ihren Eltern und stellte mich als ihren zukünftigen Verlobten vor. So verbrachte ich die Weihnachtstage wohlbehütet bei ihr und ihrer Familie. Was mir nicht bekam, war das Essen. Für mich war es zu fettig. "Kristine" trug dafür Sorge, dass ich zum ersten Mal ins Kino ging. Mein erster deutscher Film war „Das Wirtshaus im Spessart". Ich verstand zwar nicht viel, aber sie half beim Übersetzen.

Was ich nicht wusste, war, dass unsere Lehrerin beim Goethe-Institut "Kristine"s Tante war, sodass mehr oder weniger indirekt beobachtet wurde, ob ich mit anderen Mädchen flirtete.

Die ständige Kontrolle war zuvor einer der Gründe gewesen, warum ich nach Deutschland geflohen war.

Ich bestand die erste Grundstufe im Februar und die zweite Grundstufe im Mai. Dann erfuhr ich, dass ich für die dritte Grundstufe nach Radolfzell und für die vierte Stufe nach Passau wechseln musste. Sollte ich diese Stufen bestehen, konnte ich eine Aufnahmeprüfung für eine deutsche Universität machen, um überhaupt ein Studium beginnen zu können.

Bevor ich Kochel am See verließ, wurde ein großes Dorffest gefeiert, bei dem die Frauen in bayerischem Dirndl tanzten und alle Männer mit Lederhosen bekleidet waren. So musste ich das einzige Mal in meinem Leben eine Lederhose und einen bayerischen Hut tragen. Ich habe mir immer gedacht, dass man lateinisch tanzen würde, wurde aber damit überrascht, dass Walzer getanzt wurde. Ich konnte keinen Walzer tanzen. "Kristine“ war mit ihren Schuhen mindestens zehn Zentimeter größer und doppelt so breit wie ich. So musste ich diesen Walzer tanzen und berührte dabei manchmal nicht mal mit den Füßen den Boden. Ich wunderte mich, dass Dr. Said und die Südamerikaner vor Lachen auf dem Boden lagen.

Am ersten Januar 1967 verließ ich Kochel am See und ging nach Radolfzell. Beim Abschied am Bahnhof schworen "Kristine“ und ich uns ewige Liebe. Sie konnte nicht mit mir kommen, da sie irgendwann das Geschäft ihres Vaters übernehmen sollte. Aber sie würde mich jedes Wochenende besuchen.

Angekommen in Radolfzell erkannte ich, dass der Sprachschul-Alltag etwas professioneller durchgeführt wurde. Einer der wenigen Unterschiede war, dass mehrere

Lokale zum Essen zur Auswahl standen und dass die Sekretärin auch erst Mitte 20 war. Bei der Vorstellung eröffnete sie mir, dass sie unbedingt einen Franzosen kennen lernen wollte, warum auch immer. Sie wollte mir am gleichen Abend noch die Alternativen der Gasthöfe zeigen. Ich war verwirrt und wollte eigentlich in meine neue Bleibe, die viel kleiner und schlechter ausgestattet war als in Kochel am See.

„Rena", so hieß die Sekretärin mit Vornamen, ließ aber nicht locker und holte mich auf meinem Zimmer ab. Den ganzen Abend lang hörte ich ihre Geschichten und ihre Schwärmerei für Alain Delon und Jean Paul Belmondo an. Zum Schluss konnte ich mir nicht verkneife, ihr zu sagen, dass ich weder der eine noch der andere war. Zudem wäre ich mit einer anderen Frau liiert. Zwei Tage lang tat sie so, als ob sie durch mich hindurch sehen würde. Am dritten Tag brachte sie mir zum Frühstück ein Croissant und einen Café au Lait mit. Sie fragte mich über meine Herkunft und meine Ausbildung aus.

Sie wollte wissen, ob ich in Radolfzell jemanden kennen würde. Dies verneinte ich. So kam das erste Wochenende und "Kristine" meldete sich nicht. Am nächsten Montag, versuchte ich sie telefonisch zu erreichen und erfuhr, dass sie keine Zeit für mich hatte. Dies war im Nachhinein extra von einem meiner Nebenbuhler eingefädelt worden, um uns voneinander zu entfernen.

Ich war so wütend, dass ich mich auf die zarten Avancen von "Rena" einließ. Drei Wochen später kam "Kristine" am Bahnhof in Radolfzell an. Ich nahm mir vor sie höflich zu empfangen und ihr klar zu machen, dass ihr Verhalten mich zu einer anderen Frau gedrängt hatte. "Kristine" war noch nie so hübsch gewesen, wie an diesem Tag und ich bekam plötzlich ein schlechtes Gewissen. Ich ging mit „Kristine" in ein Café. So wie das Schicksal es wollte, trafen wir dort "Rena". Nach einer heftigen Auseinandersetzung verließ "Kristine" das Café und auch mich. Ich sah sie nie wieder.

"Rena" war ebenfalls etwas wütend, aber nach wenigen Tagen hatte sich das Verhältnis wieder geklärt. Ich bestand Ende Juni die dritte Sprachstufe. Da der Kurs in Passau erst Mitte September anfing, beschloss ich Urlaub in meiner Heimat in Südfrankreich zu machen.

7. Urlaub 1967

Man konnte damals von München direkt nach Nizza fliegen, was für die damalige Zeit ein sehr großer Fortschritt war. Man flog mit einer Caravelle. So fuhr ich von Radolfzell nach München. Es war damals ein relativ kleiner Flughafen. Die Passagiere liefen zu Fuß über das Rollfeld. Die Caravelle hob ab und ich hatte Tränen in den Augen, da mir klar wurde, dass die Beziehung zu "Rena" zu Ende war. Nach drei Stunden kam das Flugzeug in Nizza an. Zur damaligen Zeit war Nizza ein ebenfalls kleiner Flughafen. Am Gate warteten mein Vater und mein Großvater väterlicherseits in Begleitung vieler Einwohner der Rue du Dr. Gustave Rioblanc auf mich. Vom Rabbi bis Herrn Hans waren alle dort.

„Hurra, der verlorene Sohn ist wieder da", hieß es. Außerdem war Huguette mit Blumen da. Ich spürte einen Stich im Herzen. Das hatte ich nicht erwartet. Ich hörte nicht zu, was mein Großvater mir erzählte. Ich hörte auch nicht, welche Vorwürfe die beiden Rabbiner mir wegen meiner Entscheidung nach Deutschland zu gehen, machten. So fuhren wir nach Hause.

Die ganze Straße war voll von Girlanden. Ein gigantischer Tisch stand auf der Straße. Die Frauen hatten extra dekoriert. Lampions hingen in der Straße. Mittendrin hatte ich meinen Ehrensitz. Die gesamte Straße wollte wissen, wie diese Deutschen denn nun seien.

Monsieur Hans hatte gefragt, ob es noch sehr viele Nazis gab. Das konnte ich nicht beantworten. Gleichzeitig war ich stolz, dass ich einen deutschen Satz relativ fehlerfrei sprechen konnte. Der Rabbi Caco bot mir sogar an, seine Tochter zu heiraten, für den Fall, dass ich zum Judentum übertreten würde. Selbst Christine (CDN), eine Mitschülerin von mir, deren Schwarm ich war, war dort anwesend und hatte Tränen in den Augen. Und ganz weit weg, allein für sich, saß Huguette. Sie war so hübsch mit ihrer zarten, braunen Haut und ihren schwarzen Haaren. Während des Essens kamen die Philosophen und fragten mich, was mich nur geritten hatte, das „heutige" Deutschland zu besuchen. Was wäre mit Heidegger, wollten sie wissen. Ich blieb ihnen eine Antwort schuldig.

Zu mir trat Monsieur Abdallah, der muslimische Vorbeter, sah mich an und sagte. „Weißt du eigentlich, was du uns angetan hast?"

Rabbi Jakob kam und fragte mich: „Du weißt, dass du einer von uns bist? Das hättest du nicht tun dürfen."

Nur Großvater und meine Tanten blieben den ganzen Abend still. Auch spät abends war es noch sehr warm und es kam eine leichte Brise vom Meer. Ohne zu reden nahm Huguette meine Hand und führte mich zum Strand. Am Himmel waren Sterne. Wir blieben die ganze Nacht am Strand. Am nächsten Tag bei Morgenröte weckte mich Huguette. Sie musste arbeiten gehen. Sie hatte vor Glück glänzende Augen. Sie glaubte zu diesem Zeitpunkt, dass Deutschland für mich nur ein Spleen gewesen war und diese Zeit vorbei war.

Ich ging nach Hause. Auf mich warteten mein Vater und mein Großvater väterlicherseits. Nach einer Dusche und einem echten französischen Frühstück nahm mich Großvater mit folgenden Sätzen beiseite: „Schau Michou, kennst du das Märchen der Goldenen Feder?"

„Ja", antwortete ich. „Hat Onkel Joseph uns mal erzählt."

Das Märchen der Goldenen Feder erzählt die Geschichte eines Prinzen und seines Erziehers, die an einer Weggabelung eine goldene Feder finden. Der Prinz fragt seinen Erzieher, ob er die Feder mitnehmen soll. Der

Erzieher erwidert, dass der Prinz es bereuen wird, wenn er die Feder mitnimmt, aber auch, wenn er sie liegen lässt.

Mein Großvater kannte mich gut und er wusste, dass ich, wenn ich mich für etwas entschied, diese Entscheidung bis zum Ende trug. Ich schaute ihm in die Augen und sagte: „Großvater, du kennst mich doch."

„Eben", so er. „Ich kenne dich. Aber egal, wie du dich entscheidest, ich bin bei dir."

Vater hatte die ganze Zeit über nichts gesagt und fragte mich nun, ob ich das Ganze überstehen würde. Ich bejahte dies. Mein Bruder, drei Jahre älter als ich, fragte: „Michou, tust du das wegen einem deutschen Mädchen? Oder hat dich der Alte (er meinte Großvater mütterlicherseits) verjagt?"

Ich bejahte letzteres. „Der macht alles kaputt", so mein Bruder.

Rabbi Jakob kam zwei Stunden später mit Danielle zu mir. Sie war seine Tochter, sehr hübsch, hatte schöne schwarze Haare und Augen und war acht Jahre älter als ich. „Sie ist weise", sagte er. „Sie kann dich führen. Außerdem brauchst du dann nicht mehr in den Norden zu gehen."

In den nächsten acht Wochen erlebte ich wahres Glück. Zwischen Huguette, den politischen Diskussionen und dem besten Fisch aus dem Mittelmeer fühlte ich mich wohl.

„Der verlorene Sohn ist wieder da", hieß es ständig. Ich werde nie vergessen, dass wenige Tage vor meiner Abreise Monsieur Hans mich beiseite nahm und Folgendes sagte: „Trau keinem Deutschen. Die sind feige. Die würden sogar ihre eigene Mutter verkaufen."

Ich widersprach und er versuchte wie besessen mich mit seinen Worten zu bekehren.

Einen Tag vor meiner Abreise machte mir Huguette einen Heiratsantrag. Ich vertröstete sie auf den Sommer 1968. So musste ich diesen lieben Leuten der Straße mitteilen, dass ich noch ein Jahr nach Deutschland reisen würde. Wohlwissend, dass es möglicherweise nicht bei einem Jahr bleiben würde. Die ganze Straße brachte mich zum Flughafen. Ich wurde beschenkt. Ich bekam einen Talisman in Form eines glitzernden, bestickten Fisches. Dieser sollte mir Glück bringen. Ich habe ihn bis heute.

So flog ich mit äußerst schlechtem Gewissen zurück nach München. Ich ging mit mir sehr hart über mein Verhalten ins Gericht und fragte mich, welchen Sinn mein Vorhaben hatte. Ob mein Stolz mich doch ins Unglück führen würde?

Eine Frage schoss mir in den Kopf: Wenn du im Süden geblieben wärst, was wäre dann passiert?

Nach Ankunft in Passau hatte ich nicht mehr den Kopf, die deutsche Sprache richtig zu lernen. Zum ersten Mal bestand ich meine Prüfung nicht. Nach sechs Wochen musste ich sie wiederholen. Obwohl die Leute in Passau zu mir sehr nett waren und schöne Mädchen dort herumliefen, hatte ich nur noch meinen sonnigen Süden im Kopf.

8. Die Lehrjahre an den Unis

Drei Tage nach der bestandenen Prüfung in Passau war ich in einer studentischen Kneipe, die für ihre Zeit relativ fortschrittlich war, und wo sich viele internationale Gäste aufhielten.

Ich saß allein bei einem Glas Bier. Plötzlich setzte sich eine hübsche, junge Frau Anfang 20 neben mich. Sie sprach Deutsch, aber kein Bayerisch. Ich konnte sie zum Teil verstehen. Sie sagte, dass in Heidelberg die schönste Universität Deutschlands wäre. Wir trafen uns in den nächsten Tagen und wurden nach zwei Wochen ein Paar. Sie überzeugte mich die Aufnahmeprüfung in Heidelberg zu machen. Der Name war mir zwar bekannt gewesen, ich kannte die Stadt allerdings nicht.

"Martina", meine neue Freundin, half mir den Antrag für die Zulassungsprüfung zu stellen. Das akademische Ausländeramt forderte, bevor ich zur Prüfung zugelassen wurde, dass ich bereits für ein Semester an der Universität eingeschrieben war.

Ich hatte jedoch noch kein Zimmer und die Studentenwohnheime waren voll.

"Martina" hatte allerdings ein paar Beziehungen zu so genannten Verbindungen, die eigene Zimmer unterhielten. So kam ich in Berührung mit einer schlagenden Verbindung. Hätte ich gewusst, welche politische Linie und welches Verhalten diese Verbindung an den Tag legten, so wäre ich nicht in Heidelberg geblieben. Was ich nicht wusste war, dass diese Art von Studentenverbindungen sehr stark von Ex-Mitgliedern protegiert wurden, die Professoren oder Dekane geworden waren.

So verliefen zwei Semester. Jeden Abend gab es Saufgelage und Feiern und ich sollte mich im Fechten üben, was ich immer ablehnte.

Die Liebe zu "Martina" kühlte nach einigen Monaten ab und in mein Leben trat „Jenny", eine Studentin aus Berlin, die im Gegenteil zu "Martina" politisch eher links gerichtet war. Irgendwie bestand ich die Aufnahmeprüfung in Heidelberg. Während einer Diskussion mit „Jenny" eröffnete ich ihr, dass ich eigentlich bereits ein Studium absolviert hatte und mit Sprachen und Philosophie weniger zu tun hatte. Sie überzeugte mich zu diesem Zeitpunkt, dass die TU in Berlin der bessere Platz für mich wäre. Leichtsinnig wie ich war, habe ich ihr Angebot, mit ihr nach Berlin zu ziehen, angenommen.

Die TU Berlin nahm mich an und erkannte einen großen Teil meines französischen Studiums an.

Das war im Frühjahr 1968. Angekommen in Berlin schien mir diese Stadt trotz ihres damaligen Charmes sehr unterkühlt.

Ich habe es dort nur wenige Wochen bis Anfang April ausgehalten und bekam unbändiges Heimweh. Nicht nach Südfrankreich, sondern nach Paris, warum auch immer.

Also beschloss ich, wieder nach Paris zu fahren. Ich wollte vor der gesamten Familie, vor allem meinem Großvater mütterlicherseits mit einem großen „mea culpa" erscheinen.

Angekommen in Paris wurde ich von einem meiner Lieblingscousins abgeholt, der an der Sorbonne promoviert und habilitiert hatte und Professor für Philosophie und Soziologie geworden war. Er bewunderte mich für meinen Mut nach Deutschland gegangen zu sein. Anderthalb Wochen dauerte eine glückliche Zäsur in Paris. Dann fing die Unruhe in Nanterre an, wo de Gaulle zum ersten Mal die Situation falsch einschätzte, als die CRS (vergleichbar mit Hundertschaften) gerufen werden musste, weil Studenten streikten und den universitären Alltag massiv behinderten.

Fatalerweise waren die Mitarbeiter von Renault Bilancourt so frustriert über ihre Entlohnung und die Leistungsvorgaben, dass die Gewerkschafften CGT und FO zum Generalstreik aufriefen. In dieser Lage, mitten zwischen der Auseinandersetzung zwischen Polizei und Studenten und Arbeitern, versagte die Infrastruktur. Es flogen keine Flugzeuge und es fuhren keine Züge.

Ich beschloss meine Rückkehr nach Deutschland und Berlin.

Kaum war ich in Berlin angekommen, wurde dort der Schah-Besuch angekündigt und die Demonstrationen mit Rudi Dutschke und anderen fand stand.

Anlässlich einer Demonstration mit Fritz Teufel wurde Benno Ohnesorg ermordet und mein bester persischer Freund, der gegen den Schah war, verschwand.

Ich hatte einen guten Freund, der sehr bekannt für seine Offenheit war. Er nahm mich an einem Abend beiseite und las mir die Leviten. Er zeigte mir auf, dass ich trotz meines abgeschlossenen Studiums in der Gosse landen würde, würde ich mein Leben so weiterleben.

Er nötigte mich, nach Köln zu gehen. Köln wäre eine der wenigen Städte, die nah an der französischen Mentalität waren. So landete ich Anfang Juli 1968 in Köln. Dort hatte ich kaum Zeit, ein Zimmer am Hansa-Ring neben dem Hansa-Gymnasium zu mieten.

Am 15. Juli 1968 flog ich wieder via Paris nach Nizza.

Dort stand erneut die Hälfte der Rue du Dr. Gustave Rioblanc, um mich zu empfangen. Während dieses Jahres hat sich mein Verhalten irgendwie verändert, nur Vater, Großvater, Huguette und alle anderen wollten keine Kenntnis davon nehmen. Sie dachten wohl, dass ich im Ausland meine Hörner abstoßen würde. Als ich ihnen von meinem Heimweh nach Paris erzählte, brach Euphorie aus. „Der lernt das noch, dass er hierher gehört", war der Hintergedanke.

In diesem Jahr hatte Huguette sich um ihre Aussteuer gekümmert. Sie wollte mir schon am zweiten Tag von Gabeln und Messern bis hin zu Bettwäsche alles zeigen.

Großvater hatte Huguette sehr gern und zeigte mir, dass in unserem Herrenhaus der schönste Teil des Hauses für uns renoviert war.

Mein Vater wollte mir zur Hochzeit ein Holzsegelboot schenken. Es war ein wunderschöner Holzdreimaster von 1835. Ich hatte Tränen in den Augen.

Am dritten Abend meiner Anwesenheit kam Herr Hans und wollte wissen, was in Deutschland passiere.

Er hatte gehört, dass der Bundeskanzler von einem deutsch-französischen Ehepaar geohrfeigt worden war und wollte hören, was ich dazu zu sagen hätte. Ich war ehrlich müde und leer und ich wollte eigentlich etwas Ruhe haben.

Aber typisch für südliche Mittelmeer-Länder versuchte die Familie zwar stets nett zu sein, aber trotzdem hatte jeder einen Wunsch und eine Vorstellung von dem, was ich zu tun hatte.

Sollte ich etwa Medizin oder Aeronautik studieren? Andere wollten, dass ich Journalist werde, um im Fernsehen aufzutreten und wieder andere meinten, ich solle ins Auswärtige Amt gehen, wie mein Vater.

Jeder verknüpfte seine Vorstellungen von Deutschland auf seine Weise mit mir. Daraus resultierten diese seltsamen Wünsche.

Jeder war neugierig, wie ich mich entscheiden würde. Da ich nichts sagte, glaubte jeder, dass ich in seine Richtung umschwenken würde und jeder versuchte auf seine Art mich zu bestechen.

Ich hielt still, da ich selbst zu diesem Zeitpunkt keine Ahnung hatte, was ich eigentlich in Deutschland tat. Ich war mir selbst nicht sicher, welches Ende diese Reise für mich bereithielt.

Das verheimlichte ich ziemlich gekonnt. Einmal wurde die Situation etwas brenzlig, als der katholische Priester mich fragte, ob ich zu den Orthodoxen übertreten würde, weil Huguette ja nun mal orthodox war. Ob unsere Kinder katholisch sein würden, wollte er wissen. Ich war überrascht, wie weit Huguette „vorgearbeitet" hatte. Ich ließ den Priester im Vagen zurück, in der Hoffnung, das Thema käme nicht auf mich zurück.

Großvater mütterlicherseits kündigte sich seinerseits an und forderte mich zu einem Vier-Augen-Gespräch auf. Mein Vater und mein anderer Großvater lehnten dies ab. Noch mal das Kind zu verlieren, weil der Alte seine Interessen durchsetzen wollte, wollten sie nicht riskieren.

Großvater und sein Tross kamen an einem Freitagnachmittag. Sie wurden in einem Teil unseres Herrenhauses untergebracht und es wurde extra eine Dienerin angeheuert, um ihnen die Wünsche von den Augen abzulesen.

So fand das Gespräch an einem Samstagnachmittag während des Essens statt. Pech für Großvater mütterlicherseits, dass die halbe Straße anwesend war, inklusive der Geistlichen.

Da Großvater mütterlicherseits sich stets als sehr gläubig erachtete, konnte er seinen wahren Zorn mir gegenüber nicht zeigen.

Die beiden Rabbi und der Muezzin waren ebenfalls anwesend. Großvater mütterlicherseits erzürnte dies. Die Araber und Moslems waren für ihn „Zuaven", was wiederum Großvater väterlicherseits auf die Palme brachte.

Ich muss wirklich feststellen, dass an diesem Nachmittag Großvater mütterlicherseits mir gegenüber sehr charmant war, in der Hoffnung, ich würde ihm erliegen.

Zudem versuchte er mich mit der Aussage, ich sei der Alleinerbe seines beträchtlichen Vermögens, gefügig zu machen.

Darauf wurden Vater und Großvater väterlicherseits wütend. Sie würden sich verbitten ihren Sohn und Enkel für käuflich zu halten. Zum Schluss hat der katholische Priester Frere Jean-Pierre ein Machtwort gesprochen und verdonnerte Großvater mütterlicherseits hundert Ave Maria zu beten.

Erstaunt und verblüfft und ungläubig besah ich mir diesen Samstagnachmittag. Am nächsten Tag, bevor er wieder fuhr, fragte Großvater mütterlicherseits mich direkt, ob ich gedachte eine Französin oder eine Deutsche zu ehelichen. Huguette explodierte und fuhr ihn an, dass ihn das nichts anginge.

So gingen die Tage bis zu meiner Abreise in meinem eigenen kleinen Paradies vorbei.

Manchmal haben die Fischer mich nachts mitgenommen, um Doraden zu fangen. Die schönen Spaziergänge an der Promenade mit Huguette und der betörende Jasmin Duft bleiben in meiner Erinnerung.

Von Tag zu Tag verliebte ich mich mehr in Huguette.

Während dieser ganzen Zeit gab Christine (CDN) jedoch ihre Hoffnung nicht auf und versuchte mich bei jeder Gelegenheit auf sich aufmerksam zu machen. So verlief die Zeit bis zum Oktober 1968.

Denise war die dritte im Bunde der Mädchen. Sie war vier Jahre älter als ich und stammte aus einem sehr reichen jüdischen Elternhaus. Sie machte mir ebenfalls einen Heiratsantrag und wollte mich überreden, zum jüdischen Glauben zu konvertieren. Ihr Vater hätte dem zugestimmt. Ich erhielt sogar den Besuch des Rabbi, der seine Aufgabe darin sah, mich moralisch und seelisch auf den Übertritt vorzubereiten. Ich war empört und machte Denise klar, dass ein Kuss noch lange kein Eheversprechen ist. Auch ihr Vater versuchte mich davon zu überzeugen, dass Denise von allen die bessere Ehefrau wäre. Ich vertröstete ihn auf den nächsten Sommer, da würde ich meine Entscheidung treffen.

Ich flog wieder von Nizza via Paris nach Köln. Als ich in der Ritterstraße beim Hansaring ankam, lag meine Bekleidung in einem Koffer im Flur und dass, obwohl ich Miete bezahlt hatte. Auf meine Frage, warum, antwortete der Hausbesitzer: „Tja. Man muss sehen, wo man bleibt." Wutentbrannt übernachtete ich in einem Hotel und fand zufälligerweise eine Wohnung in Köln-Weiden. Ich wurde dann vom akademischen Ausländeramt der Universität zu Köln darüber in Kenntnis gesetzt, dass ich einen Antrag auf Anerkennung meines Studiums beim Kultusministerium in Düsseldorf stellen musste. Dafür benötigte ich einen Anwalt. Ich wandte mich an mein Konsulat. Dieses besorgte mir einen Rechtsanwalt mit dem Namen Schaf. Ich zeigte ihm mein Diplom und mein Abiturzeugnis, die bestandenen Prüfungen aus dem Goethe-Institut und alle anderen benötigten Papiere. Er stellte einen entsprechenden Antrag und drängte auf eine schnelle Entscheidung. Diese kam 14 Tage später mit einer bösen Überraschung. Das Urteil lautete: Das Fach „Wirtschaftsingenieurwesen", welches ich studiert hatte, existierte an deutschen Universitäten noch nicht. Entweder war man Diplomvolkswirt oder Diplomkaufmann an den Universitäten in Köln oder Bonn oder Ingenieur an der RWTH Aachen.

Zu diesem Zeitpunkt existierte die erste große Koalition in Bonn und in NRW eine CDU-Regierung. Diese war äußerst restriktiv bei der Ausbildung von Fremden.

Der Kompromiss war, wenn mich eins der eben genannten Studien interessieren würde, würden bei der Richtung Diplom-Ingenieur vier Semester anerkannt und beim Studium der Volkswirtschaft in Köln sechs Semester. Ich entschied mich für Zweites. Bei der Anmeldung an der Universität Köln wurde ich abermals böse überrascht, da das Fach „Jura" als eins der fünf Hauptfächer nicht von Ausländern wie mir belegt werden konnte. Statt dieses einen Faches musste man drei andere Fächer belegen, vorzugsweise Philosophie, Soziologie und Ethik. Ich entschied mich für eben diese Kombination. Wiedermal folgte eine böse Überraschung, da das Fach Philosophie in Frankfurt belegt werden musste. Jeden Dienstag fuhr ich nach Frankfurt, ich war von vier Uhr morgens bis zehn Uhr abends unterwegs. Ethik (Wirtschaft und Religion) fand in Tübingen statt. Auch hier musste ich um vier Uhr aufstehen.

Soziologie durfte ich gottseidank an der Kölner Universität absolvieren. René König und Erwin K. Scheuch waren meine liebsten Dozenten.

Ich fluchte zunächst wegen der Fahrten und stellte meine Entscheidung in Frage nach Deutschland gekommen zu sein. Überall erlebte ich Rassismus und sah die Vorurteile aus Frankreich teilweise bestätigt.

Glücklicherweise traf ich bei meinem Philosophie-Studium auf Prof. Dr. Jürgen Habermas.

Als Wahlfach habe ich Wirtschaftspolitik und Politikwissenschaft ausgewählt. Dort traf ich auf zwei Koryphäen: Professor Dr. Schwarz und Professor Dr. Karl Kaiser.

Während der Zeit habe ich viel geflucht. Im Nachhinein danke ich der Fügung, dass ich Zeit mit solch herausragenden Menschen verbringen konnte. Zudem möchte ich mich ausdrücklich bei Prof. Dr. Schmölders für das Wissen in Finanzwissenschaft bedanken, bei Prof. Dr. Rolf Rettich für die Orientierung zum Postkeynesianismus und dass er mich davor bewahrt hat ein Anhänger der neoliberalen Wirtschaftspolitik zu werden, bei Prof. Dr. Hansmeier für seinen Beitrag in vertieftem Finanzwesen des Staates, bei Prof. Dr. H. K. Schneider für das vertiefte Wissen in Energiewirtschaft, bei Prof. Dr. Jürgen Habermas für Grundlagen und Vertiefung meines philosophischen Diskurses, bei Prof. Dr. Erwin K. Scheuch für soziologische Zusammenhänge sowie deren Analysewerkzeuge, bei Prof. Karl König für die Sicht der Kölner Schule, bei Prof. Schwarz für die Grundzüge der Ethik in der Politik und in der Wirtschaft, bei Prof. Dr. Lemaire für die Ausbildung in vernetztem Denken, seinen Ausblick über die Weltphilosophien und Religionen, bei Prof. Dr. Kaschinsky für eine tiefe Ausbildung in Mathematik und in Wahrscheinlichkeitstheorie.

Mein Dank gilt weiterhin Prof. Dr. Watrin für die Vermittlung geopolitischer Zusammenhänge, Prof. Dr. Wessels für vernetztes Denken, Prof. Dr. Grosser für internationale Politik, Prof. Dr. Jonas für Geopolitik und Geschichte. (Institut des Arts et Metiers), Prof. Dr. Schmidt an der Universität zu Köln in der Einführung in die Informatik, Prof. Dr. Grochla für Organisationswesen, Prof. Dr. Szypersky (BIFOA-Institut) für Planung und Organisation. Dieser war derjenige, der den Chef einer internationalen Organisation auf mich auf mich aufmerksam gemacht und ich so ohne Assessment einen Job bei dieser Organisation bekam.

Im Mai 1973 hatte ich meine letzte Klausur in der Methodik der Statistik für empirische Sozialforschung. Damals war ich Mitglied einer Clique, in der drei deutsche Mädchen waren, unter anderem Claudia. Die anderen waren international. Aus Luxemburg war Guy. Sein Vater war Chef der Zentralbank. Woll war ebenfalls ein Freund von mir, sein Vater war Professor für Volkswirtschaft an der Universität zu Gießen. In dieser Clique kamen wir überein, dass jeder ein einziges Thema für die Klausur vorbereitet. Wenn eines kommt, müsste jeder die Gruppe mit seinem Thema versorgen. Die Gruppe hatte acht Mitglieder.

In der Kölner Aula fand die Klausur statt. Plötzlich saß zwischen mir und Guy ein junges Mädchen mit roten Wangen und glänzenden Augen. Sie gehörte nicht zu uns und schien Studienanfängerin zu sein. Sie wirkte auf die Klausur nicht vorbereitet. Durch Zufall war ich derjenige, der das Thema von der Klausur vorbereitet hatte. Also schrieb ich meine gesamten Antworten binnen 30 Minuten, damit die anderen Zeit zum Abschreiben hatten. Ich bat das Mädchen neben mir das Papier weiterzugeben. Sie schaute mich strahlend an, schrieb das Papier vollständig ab und gab es erst dann an Guy weiter.

„Was sollte das?", fragte ich nach der Klausur. „Oh, ich war nicht richtig vorbereitet", sagte sie. Mir fiel ein, dass das Mädchen vorher den ganzen Nachmittag in der WISO-Cafeteria geflirtet hatte. Wir hatten sie gesehen.

Die Prüfungsergebnisse standen eine Woche später am Prüfungsamt. Das Mädchen war wieder da. Sie hatte eine 1.0 und ich nur eine 1.4. Ich war so gekränkt, dass sie besser war als ich, dass ich beschloss, das Mädchen kennenzulernen. Mit diesem Mädchen, dass ich als so frech und unbekümmert kennen gelernt habe, bin ich jetzt seit 43 Jahren verheiratet.

Nachdem ich endlich die Halbanerkennung meines Studiums in Frankreich erhielt und an der Universität zu Köln immatrikuliert war, musste ich trotz aller Sprachprüfungen noch einmal ein Semester zur Sprachkenntnis an der Universität zu Köln absolvieren, was ich auch tat.

Während dieser Zeit befand sich Deutschland in einer großen Koalition, die CDU regierte mit der SPD. Der Bundeskanzler war Kurt Georg Kiesinger, ein Jurist aus Baden-Württemberg, dessen NS-Vergangenheit ihn einholte, als Beate Klarsfeld, Ehefrau von Serge Klarsfeld, ihn im Bundestag ohrfeigte, und dafür im Klingelpütz in Köln ein paar Wochen einsaß. Die SPD mit Willy Brandt als Außenminister, der zu diesem Zeitpunkt bereits eine Art Mythos für die Jugend darstellte.

In dieser Zeit trat ich dem „SHB" bei und wurde dort in verschiedenen sozialistischen Lehren eingewiesen. Als de facto der Wahlkampf im Januar 1969 begann, waren wir Feuer und Flamme in den Wahlkampf für die SPD einzutreten. Und wir waren überglücklich, als im September 1969 Willy Brandt Kanzler der Bundesrepublik Deutschland wurde. Der erste Kanzler der gegen Hitler und seine Herrschaft gekämpft hatte! Ich musste feststellen, dass der größte Teil der Bevölkerung Brandt als Verräter ansah. Dies habe ich bis heute nie verstanden. An der Universität zu Köln im Bereich Wirtschaftswissenschaften war leider der Anteil der konservativen Professoren in der

Mehrheit. So vergesse ich nie, wie ein Professor Hans Willgerodt während eines Proseminars für Wirtschaftspolitik versuchte uns jungen Studenten zu begründen, warum Hitler eine geniale Beschäftigungspolitik hatte. Ich werde wiederum nicht vergessen, wie ein Mitglied unserer Clique „Guy, der Luxemburger", Tomaten auf den Professor schmiss oder den Zwischenruf Claudias, ebenfalls Mitglied unserer Clique, welche Professor Willgerodt als Nazi beschimpfte.

Die Stellung der Professoren war damals gegenüber den Studenten so übermächtig, dass die Studenten auf die „Laune" der Herren Professoren angewiesen waren. Da die Themen für die Referate in den Seminaren durch die Professoren bzw. deren Assistenten vergeben wurden, und oft die Meinungen zwischen Assistent und Professor widersprüchlich war, waren die Studenten darauf angewiesen, bei der Vorzimmersekretärin des Professors „Liebes Kind" zu spielen, damit sie ein gutes Wort beim Professor einlegte.

Gleichzeitig muss man dabei bedenken, dass zu diesem Zeitpunkt in NRW eine sozialliberale Regierung an der Macht war. Ein Teil meiner damaligen Professoren war noch tief mit dem nationalsozialistischen Denken behaftet. Dem gegenüber hatten wir auch erstklassige Professoren, die dem Liberalismus und dem Sozialismus verschrieben waren. Alfons Silbermann, René König und Erwin K. Scheuch waren die Avantgarde der Soziologie in Europa, wenn nicht sogar in der Welt. Karl Kaiser und P. Schwartz waren in der Politik für den liberalen Trend. In der Wirtschaftspolitik waren Rolf Rettig, Christian Watrin, H.K. Schneider für einen zukunftsweisenden Trend verantwortlich. Einer der größten Finanzwissenschaftler, Professor Schmölders, und sein Schüler Prof. Hansmeyer, und Prof. Dr. Mackscheidt haben uns die Grundlagen der Finanzwissenschaft gelehrt. Alle diese Dozenten haben uns mit viel Geduld und Nachsicht behandelt und waren uns gegenüber sehr wohlwollend. Auch waren die Jahre 1967-1969 für mich im Bereich Philosophie prägend, denn ich hatte das Glück, noch Adorno in seinem letzten Semester zu erleben. Er starb sehr früh. Ich hatte das Glück, als zweiten Giganten der Philosophie, Prof. Dr. Jürgen Habermas als Lehrer haben zu dürfen, vor allem seine Pro-, Mittel- und Hauptseminare prägen mich bis heute. Hier nicht zu vergessen sind die guten Professoren in Tübingen, die uns im Bereich der Religion und Wirtschaftsethik lehrten unseren Kompass weiterzuentwickeln. Im Nachhinein stelle ich fest , dass die Umbrüche in der deutschen Gesellschaft - trotz gegenteiliger Meinung von Minderheiten - an der TU Berlin, der Universität zu Köln, der Universität Münster, der Universität Frankfurt, den Universitäten Heidelberg und Tübingen und München bereits vorhergesagt wurden.

Obwohl ich aus Frankreich relativ kritisches, politisches Denken beherrschte, haben mich diese dreieinhalb Jahre in Deutschland stark verändert. Während dieser Zeit habe ich gelernt, was es heißt, ein Fremder mit ausgeprägter politischer Meinung zu sein. Zu diesem Zeitpunkt war die Freizügigkeit in Europa, selbst zwischen Frankreich und Deutschland, noch eingeschränkt. So musste ich alle sechs Monate beim Ausländeramt vorstellig werden, um die Verlängerung der Aufenthaltsgenehmigung zu beantragen. Dies war so geregelt, dass man am Tage des Ablaufdatums vorstellig sein musste, weder vor- noch nachher. Dies hatte zur Konsequenz, dass wir teils an den Klausurtagen die Aufenthaltsgenehmigungen verlängern mussten. So war ich gezwungen, zwei oder drei Klausuren zu schwänzen, um einen Termin im Ausländeramt zu bekommen. Dazu kam, dass ich ab Januar 1968 bis Oktober 1970 mit einem Beamten zu tun hatte, dessen ausgesprochene Lust es war, ausländische Studenten zu schikanieren. So hat er mir manchmal nur eine Aufenthaltsgenehmigung für drei oder vier Tage ausgestellt. Im Juni 1969, als er erfuhr, dass ich inzwischen SPD-Mitglied war, wurde ich von ihm einer gründlichen Befragung von ca. zweieinhalb Stunden unterzogen. Er wollte wissen, inwieweit ich mit diesen „Moskau-Verrätern" (Wehner und Brandt) liebäugeln würde. Erst mit der ersten sozialliberalen Regierung von Heinz Kühn wurde der Druck des Ausländeramts erträglicher. Hinsichtlich meines Studiums musste ich feststellen, dass leider zwei Hauptseminarscheine nicht geschafft worden sind. Während der Sommerferien 1969 bin ich nicht zum Urlaub nach Hause gefahren, sondern nach Schweden. Dort wurde ich von der sozialistischen Partei Schweden aufgeklärt, wie für die damalige Zeit, eine „ideale" Gesellschaft zu funktionieren hatte. Demnach sollte es keine ausgesprochen reiche und keine ausgesprochen arme Leute geben.

Die Jahre 1971 bis 1973 wurden von intensiven Studien, ausgeprägten Reisen und paralleler Weiterbildung bei meinem zukünftigen Arbeitgeber geprägt. Mein Großvater väterlicherseits starb.

Im April 1971 fing ich als studentische Hilfskraft bei der BIFOA (betriebliches Institut für Organisation und Automation der Universität zu Köln) an. Die Aufnahme dieser Tätigkeit war wiederum mit Ärger beim Ausländeramt verbunden, da man als Student eine Befreiung zur Arbeitsaufnahme benötigte. Dies wurde von Professor Dr. Erwin Grochla und Professor Dr. Norbert Szypersky mit großem Aufwand betrieben und erhalten. Ich weiß bis heute nicht warum. Professor Dr. Grochla spielte dann eine strategische Rolle, die ich am Anfang nicht für möglich gehalten hatte. Während des Jahres 1971 habe ich einen hohen Anteil an Scheinen, die ich für mein Studium benötigte, erhalten. Das Jahr lief ohne große Umbrüche für mich.

Im Oktober 1971 verstarb mein Großvater väterlicherseits. Daraufhin bin ich für fünf Tage nach Südfrankreich gefahren. Der Empfang war wiedermal sehr emotional, obwohl sowohl Vater als auch die Bewohner der Straße mir vorwarfen, dass ich die letzten Jahre nicht bei meinem Großvater geblieben war. Großvater hatte bestimmt, dass 75% seines Erbes mir zustanden und die restlichen 25% auf 17 Cousins und Cousinen, angeheiratete Personen und Bewohner der Straße fielen.

Vater bat mich das Erbe anzunehmen, damit wenigstens dieser Teil nicht für Streitigkeiten in der Familie sorgen würde. Am letzten Tag meines Aufenthaltes kam es zu einer Begegnung mit Huguette. Sie hatte sich wunderschön gemacht und war extra zum Frisör gegangen, um mich zu beeindrucken. Während unserer Begegnung bemerkte ich, dass Huguette nervös und eifersüchtig auf „die deutsche Frau" war. Zu diesem Zeitpunkt hatte ich keine feste Freundin. Dies wollte Huguette auf keinen Fall glauben und meinte wir sollten uns erst einmal verloben. Das war ihre Art mir einen Heiratsantrag zu machen.

Während meines Aufenthalts traf ich auch meine Freunde und die Schulkameraden der Les Art e Métiers Claude Hassan, Josh Haddad, Josh Le Mere, einen gewissen Jacques Attali und einen gewissen Dominique Strauß-Kahn (DSK), der schon damals, wie die Freunde berichteten, nur in sich selbst verliebt war.

Am vorletzten Abend vor meiner Abreise hat mir auch Christine (CDN) ihre Gefühle offenbart und ich musste mir eingestehen, dass ich in einer Gefühls-Zwickmühle war. Einerseits dieser menschlichen Wärme nachzugeben und andererseits meinen festen Willen in Deutschland zu überstehen. Während meines Treffens mit den Absolventen meiner Schule haben sie mich ausnahmslos alle gedrängt meinen Aufenthalt in Deutschland abzubrechen und eine Hochschullaufbahn in Frankreich anzustreben. Da sie wussten, dass ich auf keinen Fall mit Großvater mütterlicherseits und seinen Freunden von Mine Usine jemals zusammen kommen wollte. Insbesondere hatte Attali sich darin engagiert mir aufzuzeigen, welche beruflichen Chancen ich in Frankreich hätte. Obwohl ich überzeugt wurde, dass möglicherweise diese Ratschläge die besseren waren, habe ich alle Vorschläge abgelehnt.

Ich werde nie den Abschied von Christine und Huguette vergessen. Dieses Bild hat mich in meinen dunkelsten Stunden in Deutschland stets verfolgt.

Im November, als ich nach Deutschland zurückkehrte, ereilte mich eine weitere Nachricht, die mich sehr nervös machte. Großvater mütterlicherseits hatte beschlossen und in Anwesenheit der ganzen Familie verkündet, dass ich nach seinem Willen sein Haupterbe werden sollte. Damit verbunden war auch die Rolle des Familienoberhaupts. Großvater mütterlicherseits hatte sich mit seiner Entscheidung gegen den Willen der ganzen Familie gestellt. Seine Entscheidung wurde mir mittels eines befreundeten Anwalts mitgeteilt.

Verstanden habe ich weder die Entscheidung zu meinen Gunsten, noch was hieß, dass Oberhaupt einer Großfamilie zu sein. Ich war gerade erst halb erwachsen. Zum Glück hatte ich Onkel Dany, der wiederum mehr oder weniger halb verstoßene Sohn meines Großvaters mütterlicherseits. Er lebte in Bordeaux und hatte mit der gesamten Familie abgebrochen. In einer Nacht- und Nebelaktion habe ich mich auf den Weg nach Bordeaux gemacht und eine ganze Nacht mit ihm diskutiert. Wir haben ständig das Für und Wider abgewogen.

Onkel Dany klärte mich auf, wie groß die Last einer solchen Stellung sein würde. Nach einem ungeschriebenen

Gesetz der Familie hätte ich stets dafür Sorge zu tragen, dass der Reichtum der Familie sich vermehrte, sei es durch Heirat oder Immobilienspekulation. Zudem hätte ich das Recht die Ausbildung und den beruflichen Werdegang der restlichen Familie zu bestimmen. Und selbst die Heiratserlaubnisse von Söhnen und Töchtern der Familie hätte ich bestimmen, auch gegen deren Willen. Onkel Dany riet mir, in keiner Weise auf die Nachricht zu reagieren und abzuwarten, bis Großvater mütterlicherseits tatsächlich gestorben sei, was ich auch tat.

Zwei Tage nach meiner Rückkehr gegen Mitte des Monats November erhielt ich eine Nachricht des Finanzamts von Frankreich. Sie würden jetzt mit der Bewertung der Hinterlassenschaft meines Großvater väterlicherseits beginnen und spätestens Ende März mitteilen, wie hoch die Erbschaftssteuer sein würde.

Bis Ende des Jahres verlief die Zeit völlig durcheinander. Mein Seelenleben war außer Takt geraten und ich bekam plötzlich ein ausgesprochen starkes Heimweh. Ich bat das Institut, mir vier Wochen unbezahlten Urlaub zu genehmigen und fuhr erneut nach Südfrankreich. Angekommen in der Stadt nahm ich mir ein Hotelzimmer. Ich brachte es nicht fertig im Haus von Großvater väterlicherseits einzuziehen. Die Nachricht, dass ich ein Zimmer in einem Hotel genommen hatte, verbreitete sich wie ein Lauffeuer in der Stadt und plötzlich kamen die Bewohner der Rue du Dr. Gustave Rioblanc in mein Hotelzimmer. „Man nimmt kein Hotelzimmer in seiner eigenen Stadt!", war die einhellige Meinung. Am gleichen Abend kamen Huguette und Christine. Dies war das einzige Mal, bei dem Huguette und Christine massiv aneinandergerieten. Ich war verblüfft, traurig und ein bisschen gebauchpinselt, dass die beiden wegen mir so stritten. Tief beleidigt und mit Tränen in den Augen verließ Christine (CDN) das Hotel. Dies war das letzte Mal, dass ich sie für eine sehr lange Zeit sah. Huguette, triumphierend, gestand mir, dass sie keine Nebenbuhlerin mehr dulden würde. Davon wurde ich noch mehr durcheinandergebracht. Ich entschloss mich ein letztes Mal das Haus meines Großvaters in seiner ganzen Schönheit zu sehen, was ich auch tat. Ich entzog mich heimlich einem Wiedersehen mit Huguette und meinen Schulkameraden bzw. den Einwohnern der Straße. Die ganze Reise dauerte lediglich eine Woche.

Angekommen in Köln stürzte ich mich in die Arbeit bei der BIFOA und mein Studium. Die Feiertage am Ende des Jahres verbrachte ich einsam in meinem Zimmer.

Das Jahr 1972 begann eigentlich unspektakulär und verlief bis Ende März ruhig. Ende März erhielt ich die Nachricht, dass das französische Finanzamt das Erbe rund um das Haus bewertet hatte und dass ich binnen sechs Monaten eine siebenstellige Zahl zu zahlen hätte. Dies wäre nicht wie üblich 70% der Besteuerung, sondern lediglich 55%. Mit einer Auslandsbörse von 475 DM und einem Monatsverdienst als studentische Hilfskraft von 300 DM konnte ich allein diese Summe niemals aufbringen. Ich wandte mich schriftlich NICHT an meinen Vater, sondern an die restlichen Miterben. Ob sie gegen eine Überlassung meines restlichen Miterbes bereit wären, die Steuern mitzuzahlen, wollte ich wissen. „Im Prinzip" wurde dieser Vorschlag angenommen. Als es jedoch darum ging, die reellen Zahlen zu verteilen, wollte niemand mehr mitmachen. Ich habe versucht über einen Onkel in der Schweiz ein Darlehen aufzunehmen, unter der Bedingung, dass ich einen Teil meines Erbes verpfänden würde. Dies schlug trotz anfänglicher Hoffnung fehl. Das Datum des Zahlungstages kam näher, und ich, unwissend, was zu tun war, wurde immer nervöser. Vater war abermals irgendwo in der Weltgeschichte und für mich nicht auffindbar. Ich schrieb dem Finanzamt, mit der Bitte eine Stundung zu erwirken. Dies wurde mir um noch einmal sechs Monate gewährt, allerdings mit der Auflage, dass dies die letzte Möglichkeit der Zahlung war.

So wandte ich mich, trotz verletztem Stolz, an Großvater mütterlicherseits. Ich bat ihn mir einen Kredit zu gewähren, um das Haus zu retten. „Geld leiht man sich nicht bei der Familie", war seine erste Antwort. „Man geht zur Bank, aber du bist nicht kreditwürdig, denn du hast deine Heimat verraten." So lautete sein Vorwurf. Und er ließ sich unwahrscheinlich viel Zeit, um mir eine Antwort zu geben. Enttäuscht und wütend begann ich den Weg zurück nach Deutschland. Ich schwor mir, nie wieder von jemandem in der Familie oder aus Frankreich je abhängig zu werden.

Und es kam, wie es kommen musste: Einen Monat lang hatte ich nichts in der Hand. Dann beschloss ich das Haus zu verkaufen. Dies habe ich meinen Miterben mitgeteilt. Selbstverständlich haben diese das abgelehnt, da sie ihren Wertanteil mit unrealistischen Forderungen verbanden. Ich musste mir einen Wirtschaftsanwalt nehmen, welchen ich beauftragte meine Interessen zu wahrzunehmen. Die Maklerin machte mir nach kurzer Zeit ein Angebot eines amerikanischen Professors einer US-Universität, welches de facto unter dem Marktwert war. Ich stimmte dennoch zu, da der Erlös viel höher war als die Steuerschuld, verblieb mir ein großer Überbetrag, den ich unter den restlichen Miterben verteilte. Bis auf einen Franc. Diesen habe ich bis heute. Ich sah das Haus meines Großvaters erst nach über 30 Jahren mit meiner jetzigen Ehefrau wieder. Es war erschreckend, was man auf diesem Grundstück von 2000qm gebaut hatte. Rund um das Herrenhaus waren 113 Wohnungen gebaut worden. Die großen Bäume waren gefällt worden, der Steg zum Meer war an irgendeinen reichen Ausländer verkauft worden und das stolze Schiff meines Urgroßvaters versteigert worden. Nachdem diese Angelegenheit geregelt war, habe ich mir geschworen Großvater mütterlicherseits nie wiederzusehen. Ich war erst wieder auf seinem Begräbnis und hielt meine Familie mütterlicherseits auf Distanz. Die Entfernung und die deutsche Sprache kamen mir hierbei zu Hilfe. Der größte Teil der Briefe, die die Familie mütterlicherseits mir schrieb, wurde ungeöffnet zurückgeschickt.

In Deutschland hatte mein Studium seinen normalen Gang genommen und die Arbeit bei der BIFOA lief monoton ab. Der verbleibende Teil des Jahres 1972 war geprägt durch die politische Entwicklung um Willy Brandt. Als Mitglied der SPD, ich wurde im April 1972 Mitglied, glaubte ich mit meinem Beitritt eine „politische Heimat" gefunden zu haben und sah mich durch die Wärme von manchen Mitgliedern zum Teil in meiner schlechten Gefühlslage wieder aufgefangen, was ich diesen Mitgliedern bis heute hoch anrechne. Im Dezember 1972 eröffnete mir ein Professor , dass das europäische Parlament bei ihm angefragt hatte, ob guter Nachwuchs in Reichweite wäre und dass er mich vorgeschlagen hat, um eine entsprechende Chance wahrzunehmen. Möglicherweise könnte ich ab September 1973 eine Stellung beim wissenschaftlichen Dienst des europäischen Parlaments erhalten könnte.

Zu Beginn des Sommersemesters 1973 hatte ich nur noch einen Schein in den statistischen Methoden der empirischen Sozialforschung zu machen. Die Klausur fand Anfang April statt. Ich saß im „WISO-Hochhaus" der Universität zu Köln und versuchte mich auf die Klausur zu konzentrieren, die gegen 14.00 Uhr in der Aula angesetzt war. Ich saß gemeinsam mit meiner Clique Claudia, Guy, Woll, Richard, Thomas, einem Kölner und Ludwig zusammen. Wir beschlossen 14 Tage vorher, jeder möge einen Bereich der Klausur lernen. Als die Klausur begann, war die Frage zufällig in meinem Vorbereitungsbereich. Die ganze Clique saß in der ersten Reihe der Aula. Wir saßen nebeneinander. Es gab eine Ausnahme. Zwischen mir und Guy saß eine kleine Person, unwahrscheinlich lebendig und rotwangig und mit lachenden Augen. Gemäß Verabredung beantwortete ich die Fragen sehr schnell und versuchte meine Seiten an Guy weiterzugeben, der wie verabredet, wie auch der Rest der Gruppe, keine Ahnung vom Thema hatte. Als ich die Papiere an die junge Frau weitergab, hat sie mindestens 15 Minuten lang die fünf Seiten abgeschrieben und sie erst dann an Guy weitergegeben. Mit einem Lächeln voller Genugtuung brachte sie mich aus der Fassung. Alle anderen aus meiner Clique hatten bei Guy abgeschrieben und erhielten Durchschnittsnoten. Ein paar Tage später wurden die Noten beim Prüfungsamt vorgelegt. Die junge Dame war ebenfalls da. Ich erfuhr ihren Namen. Zum Erstaunen aller anderen hatte sie eine bessere Note als wir alle.

Der Eindruck, der mir von dieser jungen Frau geblieben ist, war, dass sie wie ein frischer Wind vom Land kam. Ich hätte um alles gewettet, dass sie nie eine Stadt richtig kennen gelernt hatte. Warum auch immer habe ich mich vorgestellt und ihr gesagt, dass ich Franzose sei. Sie antwortete, dass sie immer einen Franzosen kennen lernen wollte. Und so haben wir uns am 17.05.1973 kennen gelernt. In meinem Inneren war ich überzeugt, dass es nur eine kleine Liebelei und bald vorüber wäre. Nur mein Verstand hat mich an die Worte meines Großvaters väterlicherseits erinnert. „Geh mit jedem Mädchen aus, außer mit denen vom Lande und denen aus Sizilien."

Und so fing eine Liebesgeschichte an, die nach 43 Jahren immer noch andauert. Was ich nicht wusste, war, dass meine Angebetete eine Schwester hatte. Die war groß und blond. Sie meinte das Recht zu haben ihre Schwester zu kontrollieren. So war sie bei vielen Begegnungen als

Anstandsdame präsent. Glücklicherweise hat sich diese Dame, die damals bei einer Bank arbeitete, in einen Arbeitskollegen verliebt. So blieb mir ihre ständige Anwesenheit erspart. Was ich damals nicht wusste, war, dass ihr Vater und ihre Familie keinen Ausländer und schon gar keinen Franzosen als Freund der Tochter dulden würden. Sie aber war fest entschlossen sich weder von ihrer Schwester noch von ihrer Familie in ihr Gefühlsleben hineinreden zu lassen. Von Juni bis August 1973 absolvierte ich erfolgreich ein paar Prüfungen und begann mit der Niederschrift meiner Diplomarbeit. Dies konnte man damals auch parallel zu einer Tätigkeit tun.

Im September 1973 erhielt ich wie angekündigt eine Einladung beim EU-Parlament in Straßburg zum Vorstellungsgespräch, inklusive einer Fahrkarte für Hin- und Rückfahrt.

Das zweistündige Vorstellungsgespräch war in meinen Augen sehr gut gelaufen und ich erhielt nach 15 Tagen einen Vertrag mit der Bitte am kommenden Montag um acht Uhr in Straßburg zu sein. Frisch verliebt fing ich an zu verstehen, dass ich nur noch an den Wochenenden in Köln sein könnte und dass die Fahrtkosten zu teuer für mein Gehalt wären.

Am ersten Montag erschien ich dennoch pünktlich und wurde herzlich empfangen. Man zeigte mir mein Büro und die eigene Sekretärin, die vom Alter her meine Mutter sein konnte. Ich hatte mehr Respekt vor ihr, als sie vor mir. Im Übersetzungsbüro, beim Schreibdienst inklusive sprachlicher Korrektur, die Bibliothek, die Kantine. Man stellte mich meinem Vorgesetzten, einem hageren, älteren (ich glaube, Mitte 50) Herren mit grauen Haaren und grauem Anzug vor. Er war sehr freundlich und sprach mit mir nur Französisch. Ich erfuhr, dass er Elsässer wäre, die französisch Sprache aber bevorzugte.

Der Wohnungsdienst des EU-Parlaments zeigte mir das angemietete Zimmer. Es war ein geräumiger Raum von ca. 30 qm mit einer kleinen Kochnische und einem richtigen „abgeschlossenen" Badezimmer. Außerdem erhielt ich einen richtigen Briefkasten mit meinem Namen. Dies war zugegebenermaßen ein erhöhter Luxus angesichts der Wohnungsnot der damaligen Zeit. Die Arbeit war interessant, ich musste eine Verschwiegenheits-verpflichtung unterschreiben. Diese sind entgegen der heutigen Verpflichtungen auf Lebenszeit. Die erste, zweite und dritte Woche verliefen eigentlich ohne größere Probleme. Ich habe immer versucht, entweder mitten in der Woche oder Anfang der Woche in Köln zu sein, wo meine Freundin wohnte.

Plötzlich erhielt ich Nachrichten von zuhause, dass mein Vater gesundheitlich etwas angeschlagen war. Wie angeschlagen er tatsächlich war, erfuhr ich erst nach seinem Tod. Zudem erhielt ich die Nachricht, dass Huguette für den nächsten Sommer die Hochzeit mit mir vorbereitete. Sie ließ verkünden, dass das Unterfangen dieses Mal funktionieren würde. Anfang Dezember 1973 beschloss ich, dass ich die Stelle beim EU-Parlament kündigen würde, da sie mit meiner Beziehung nicht vereinbar war.

Ich ging also in der ersten Dezemberwoche zum Personalbüro und verkündete, dass ich meine Probezeit nicht verlängern würde. Alle waren verdutzt und fragten nach dem Grund. Ich nannte ihnen diesen. Mein damaliger Chef schaute mich an, lächelte väterlich und sagte, dass meine Freundin auch in Straßburg studieren könnte. „Nein", so ich. „Es reicht, wenn einer die Erfahrung gemacht hat."

Kampflos wollte das Parlament mich allerdings nicht freigeben und rief beim Professor an, man möge mir ins

Gewissen reden, dass ich meine Entscheidung noch einmal überdächte.

Angekommen in Köln wurde ich zum Professor zitiert und er nahm mich in die Mangel.

„So eine Stellung gibt man nicht so einfach auf", sagte er mir. „Du weißt nicht, welche Chance du dir damit verbaust. Außerdem könnte man für deine Freundin eine Lösung in München finden." Er hätte einen wohlwollenden Kollegen in München, der sich dafür einsetzen würde. Dann wären meine Fahrtzeiten nicht so lang. Außerdem würde er mit seiner Empfehlung in seinem Wort stehen.

Bis dahin wagte ich nicht ihm in die Augen zu schauen. Dann packte mich eine innere Wut und ich verspürte den Wunsch zur Rebellion. „Warum wollen alle über mich bestimmen?", dachte ich. „Ich bin erwachsen, ich kann selbst entscheiden. Es ist so ein Mist, dass ich genau vor solchen Situationen aus Frankreich geflohen bin und nun wieder hier das Gleiche passiert. Ich werde mich nicht anpassen."

Er ließ mich ein paar Minuten in Ruhe und wollte dann unbedingt eine Antwort. Ich fixierte ihn und sagte mit ruhiger Stimme: „Herr Professor, ich kann es nicht. Ich würde nur einen Bruchteil meiner Leistung bringen, weil ich mit meinem Kopf ständig in Köln sein würde. Ich kann es nicht und ich werde es nicht tun."

Der Professor lächelte wohlgesonnen und sagte. „Tja, junger Mann. Jetzt musst du für deine Zukunft selbst sorgen." Ich fragte höflich, ob ich noch einmal bei der BIFOA arbeiten könnte. Er bejahte. „Du kennst ja unsere Entlohnung", sagte er noch.

Ich habe mich bezüglich der historischen Eckpunkte einiger Literatur bedient, da ich sie nicht lediglich aus meinem Gedächtnis schreiben wollte.

Anfang 1974 erhielt ich von einer internationalen Organisation zur Finanzierung von Staaten die Einladung zu einem Auswahlverfahren. Was ich nicht wusste, war, dass ein anderer Professor mit befreundeten Führungskräften dieses Institut bereits über mich gesprochen hatte. Dieses Auswahlverfahren fand in Düsseldorf statt und dauerte drei Tage. Es ging darum, Aufgaben in einer Zeitachse zu verrichten, man musste außerdem unter produziertem Stress Fragen beantworten und es ging um Lösungsentwicklungen von verzwickten Situationen.

Am Nachmittag des dritten Tages wurde ich informiert, dass ich die Aufnahmeprüfung bestanden hatte. Zwei Tage später wurde ich zu einem persönlichen Gespräch eingeladen. Dort erläuterte ich meine persönliche Situation und dass ich wohl Köln als Lebensmittelpunkt ansehen würde.

„Kein Problem", eröffnete man mir. „Das erste Jahr ist sowieso eine Zeit der Ausbildung."

Die Stelle wurde mit „Project-Controlling" beschrieben. Ich sollte Berichte über den Fortgang von Projekten schreiben, Meilensteine für Projekte definieren und ihre Erreichung überprüfen. Es sollten zeitnah kritische Berichte an die Zentrale der Organisation über die jeweiligen Projekte gesendet werden.

9. Mein beruflicher Werdegang

9.1 Vorwort

Der Einstieg bei dieser Organisation wurde mir mehr oder weniger durch meinen alten Professor eingeredet. Bei der Unterschrift des Vertrags wurden alle Neulinge sorgsam im Unklaren gelassen, worauf sie sich einließen. Wir haben bei der Unterschrift des Vorvertrags nicht gewusst, dass diese Organisation als ein indirektes Instrument der amerikanischen Politik weltweit tätig war und ist. Dieser Arbeitgeber hat uns auch in Unkenntnis darüber gelassen, dass er uns weder bei der Krankenkasse (Krankenversicherung) noch bei den Rentenanstalten versichert hat. Ich habe dieses Jahre später bei den Rentenbescheiden erfahren. Dieser Arbeitgeber hat uns auch in Unklarheit gelassen, dass sich das so genannte Project-Controlling nicht nur auf die Wasserversorgung und Bewässerung erstreckte, sondern auf so genannte „Turn-Key-Projekte". Wir mussten damals eine Verschwiegenheitserklärung auf Lebenszeit abgeben, welche uns verpflichtet hat, die konkreten Beschreibungen der Projekte öffentlich nicht zugänglich zu machen.

Zum Verständnis der zeitlichen Einordnung: In diesem Jahr war die weltweite Auseinandersetzung zwischen dem „Westen", insbesondere den USA und der Sowjetunion in vollem Gange. Zu dieser Konfrontation kam ein drittes politisches Lager hinzu: die sogenannten „blockfreien Staaten". Gegründet 1955 auf Initiative des indischen Präsidenten Nehru, Nasser in Ägypten, Tschou en Lai in der Volksrepublik China und Sukarno aus Indonesien sowie Tito aus Jugoslawien verabschiedeten 29 Staaten in der „Konferenz von Bandung" mehrere Resolutionen, die jede Form von Kolonialismus (auch wirtschaftlich) und Rassendiskriminierung abschaffen wollten, Weitere

Resolutionen sahen das Verbot von Kernwaffen vor und die gleiche Berechtigung und Behandlung der Länder der Dritten Welt durch die alten und neuen Kolonialmächte.

Zur dieser Zeit waren ca. 120 Staaten Mitglieder der blockfreien Bewegung. Die größte Mitgliederanzahl dieser Blockfreien Staaten bildeten ehemalige französische und englische Kolonien aus Afrika. Und diese Bewegung hatte abermals ihre eigene Vorstellung von wirtschaftlicher Entwicklung der „Dritten Welt". Diese Vorstellungen waren sehr oft im Widerspruch zu den politischen Maßnahmen, die mein neuer Arbeitgeber - die internationale Organisation - zur Finanzierung der Projekte hatte. Da sie stark im Widerspruch zu der „westlichen" Politik standen. Das hatte eine unmittelbare Auswirkung auf die Projekte, die in Afrika von uns betreut wurden. Die Kenntnis über diese Geopolitik wurde uns am Anfang vorenthalten. Sie wurde erst auf Druck vieler Kollegen Ende 1974 in Düsseldorf eröffnet. Anlässlich dieses Ereignisses erzwangen wir, dass Geopolitik ein Teil unserer allgemeinen Ausbildung wurde. Festzustellen ist, dass ein großer Teil dieser Projekte, immerhin 300 in diesen fünf Jahren, nicht an den Bedürfnissen der dortigen Bevölkerung ausgerichtet waren, sondern aus rein geopolitischen Interessen, insbesondere zur Auseinandersetzung mit dem Kommunismus/der Sowjetunion, begründet wurden. Ein Ausbilder hat uns fairerweise von Anfang an gepredigt, dass diese Projekte in der Wassergewinnung, Wasserverteilung und Bewässerung ein Fluch für das Leben seien und dass viele Ex-Kollegen ihre Sicht über die Welt gründlich verändert hätten.

Im Nachhinein muss ich feststellen, dass diese fünf Jahre in „Afrika" und diese Projekte mich bis heute „verfolgen". Damals musste ich zu meinem Erstaunen feststellen, dass die so genannten „moralischen Werte des Westens" lediglich in der festen Verankerung in den Interessen der westlichen Industrien begründet waren. Ich werde nie ein Gespräch mit Julius Nyerere in 1976 vergessen: „Ihr aus dem Westen werdet nie zulassen, dass Afrika wirtschaftlich jemals selbstständig wird, wir sind für euch ein Absatzmarkt, nicht mehr und nicht weniger, die Werte, die ihr uns angeblich beibringen wollt, sind ausschließliche Werte, die unserer Ausbeutung dienen. Die wenigen Brotkrumen, die ihr uns gebt, reichen weder um zu sterben, noch zu überleben, wir werden euch jedoch eines Tages noch überrennen." Diese Worte wurden mir ganz höflich mit einem zarten Lächeln gesagt. Bis heute begleiten sie mich in meinem Verhältnis zu Afrika.

Zu erwähnen wäre außerdem die Instrumentalisierung mancher Staatschefs als Mitarbeiter von amerikanischen Stellen. Einer der prägenden Figuren war General Mobutu aus dem Kongo. Bis vor kurzem wurde seine Rolle in der Ermordung von Patrice Lumumba und seine Rolle bei der Tötung von Moishe Tshombe Alge verschwiegen. Er war Präsident von Katanga, dieser Staat war Teil des Kongo (Zaire), der reichste Teil des Kongo, der nach dem „Krieg von Katanga" 1963/1964 mit Hilfe der USA, die bei der UN durchgesetzt hatte, dass ein militärisches Eingreifen ermöglicht wurde. Katanga wurde im Jahr 1964 dem Kongo einverleibt, Tshombe wurde Premierminister, 1965 wurde er von Joseph Kasa-Vubu und von General Mobutu in die Flucht geschlagen. Er musste fliehen und wurde im Juni 1967 in einem Flugzeug entführt und nach Algier gebracht, wo er im Hausarrest festgesetzt wurde. Im Juni 1969 starb er unter mysteriösen Umständen in Algier. Erstaunlicherweise wurde sein Körper nach Belgien gebracht und nicht in den Kongo. Sein Tod ist bis heute nicht geklärt. Mobutu war aber im Nachhinein als Mitarbeiter einer amerikanischen Stelle enttarnt worden

Weitere maßgebliche Erlebnisse waren das Zusammentreffen mit Léopold Sédar Senghor, Muammar al-Gaddafi, Hisséne Habré, Félix Houphouet-Boigny, Idi Amin Dada und Jean-Bedel Bokassa. Hier sollte man eine Lebenslüge ausräumen. Die Persönlichkeiten dieser Diktatoren hatten durchaus eine positive und politisch moralische Seite. Gefangen in dem Konflikt der Informationen, die uns zur Verfügung standen und der eigentlichen Begegnung mit solchen Leuten habe ich mich gezwungen, meine Voreingenommenheit wenigstens im Zaum zu halten. Dies gelang mir nicht immer.

Ich werde im Folgenden kein geschichtliches Urteil über diese Persönlichkeiten fällen. Dies ist Arbeit der Historiker. Ich werde lediglich erwähnen, was die Begegnungen und die Problematik der Projekte ausmachte und warum keines dieser Projekte auf Dauer überlebte.

9.2. Mein Einstieg in eine internationale Organisation

9.2.1 Vorbemerkung

Bei diesem Project-Controlling waren wir grundsätzlich zu mehreren. Was uns verschwiegen wurde, war in welchem Bereich diese Projekte angesiedelt waren und in welchen Ländern sich diese Projekte befanden.

Es wurde mir ein außerordentlich verlockendes Angebot unterbreitet, nämlich das Dreifache des Durchschnittsverdiensts in Deutschland zu erhalten. Dieses war steuerfrei. Ohne weiter zu überlegen unterschrieb ich den Vertrag. Wir wurden sechs Wochen lang äußerst intensiv in das Wesen der Organisation eingeführt und erhielten einen gründlichen Überblick über das Wesen und die Vernetzung der Finanzwelt. Ich habe noch nie in so kurzer Zeit eine solche Ausbildung erhalten.

Nach ein paar Wochen erhielt ich die Aufforderung, jeweils fünf Wochenenden via Düsseldorf/Frankfurt in Kairo an Seminaren teilzunehmen. Ich hätte mich an einem Freitagnachmittag gegen 12 Uhr am Flughafen einzufinden. Verwundert fragte ich mich, warum ich wohl zur Ausbildung nach Kairo gehen sollte. Angekommen am Flughafen wurde uns eröffnet, dass diese Ausbildung in der Al-Azhar-Moschee stattfinden würde und wir dort in der arabischen Sprache, im Koran und in den arabischen Sitten geschult würden. Ich hatte ein sehr ungutes Gefühl, warum wohl die Notwendigkeit dafür bestand. Wir hatten mit Entwicklungshilfe nichts zu tun.

Wir flogen also nach Kairo und kamen dort gegen 20 Uhr Ortszeit an. Wir wurden direkt in einem Hotel untergebracht, mit der Bitte am nächsten Morgen gegen sechs Uhr aufzustehen. Nach dem Frühstück wurde ein Team-Meeting organisiert und uns wurde eröffnet, dass die dort Anwesenden für den Bereich „Wassergewinnung/Bewässerung" für Projekte weltweit eingesetzt würden. Mein Name stand auf der Liste für den geographischen Bereich Naher Osten/Afrika.

Ich spürte eine Wut in mir aufsteigen. Schon wieder hatte ich mich hereinlegen lassen! Und schon wieder waren meine Bedürfnisse und Wünsche nicht respektiert worden. Diesmal beschloss ich jedoch den Vertrag zu erfüllen und dann nicht zu verlängern. Hier musste ich feststellen, dass mein Vertrag sich auf fünf Jahre Laufzeit bezog und dreimal verlängert werden konnte. Man musste die Verlängerung nach zweieinhalb Jahren spätestens durchführen. Mürrisch absolvierte ich das erste Wochenende in Kairo und war glücklich meine Freundin am Montag wiederzusehen. Ich konnte ihr aber nicht sagen, wo ich arbeitete und was ich machen würde, da ich eine Verschwiegenheitsklausel auch gegenüber Familienmitgliedern unterschrieben hatte. Gerade diese Verschwiegenheit wurde uns während dieser gesamten Ausbildung stets eingebläut. Wir mussten sogar ein Konto außerhalb unseres Aufenthaltslandes angeben, was ich am Anfang nicht verstand. So musste ich ein Bankkonto bei der Banca d'Italia eröffnen. Ich musste bei meinem Aufenthalt innerhalb der Moschee feststellen, dass ich überwältigt war. Festzuhalten ist, dass diese Moschee 972 erbaut wurde und bereits 990 mit 35 Gelehrten die wichtigste Moschee der arabischen Welt war. Man muss auch die die Al Azhar-Universität erwähnen, die sehr lange die führende Institution in der islamischen Welt für den Bereich der sunnitischen Theologie und der Scharia war. Erst 1961 unter Gamal Abdel Nasser wurde die Universität verstaatlicht und zu einer unabhängigen Universität ernannt, im Geiste der ägyptischen Revolution von 1952. Der Innenhof der Moschee war so etwas wie der Gebetssaal und die dort Lehrenden haben mich aufs tiefste beeindruckt. Ziel der ersten beiden Trainings war uns Grundlagen der arabischen Sprache beizubringen. Die letzten Trainings hatten zum Ziel, uns erstens Grundzüge des Islam zu lehren (inklusive Erklärung der wichtigsten Bereiche der Scharia) und zweitens - ausschließlich im letzten Training durch Gelehrte durchgeführt - die Soziologie der Verhaltensweisen von „arabischen" Moslems zu erklären. (Z.B. Rolle der Frauen, Rolle der Familie, Rolle der Scharia)

Parallel dazu bemühte ich mich, meine Diplomarbeit mit dem Titel „Die Phillips-Kurve – eine kritische Würdigung" (diese beschreibt die Relation zwischen Arbeitslosigkeit und Inflation) zu vollenden. Außer diesen Auslandsaufenthalten wurden wir in Düsseldorf auch auf unsere „Einsätze" in Afrika vorbereitet. Dazu gehörte die

Vertiefung der politischen Zusammenhänge in Afrika, wirtschaftliche Zusammenhänge in Afrika, geopolitische Zusammenhänge in Afrika und ein Einblick in das „Wesen" von afrikanischen Stämmen.

Ein schwerer Schicksalsschlag traf mich im August 1974. Mein Vater verstarb plötzlich an einem Herzinfarkt. So musste ich abermals nach Hause. Nach der Beerdigung meines Vaters war ich wieder in Südfrankreich. Ich traf abermals Huguette, obwohl ich fest liiert mit meiner jetzigen Frau war. Huguette hatte alles für eine schnelle Hochzeit vorbereitet und war sogar entschlossen, mit nach Deutschland zu reisen. Ich musste ihr beichten, dass ich nun mal eine andere Frau und sogar eine „Deutsche" liebte. Beim Treffen und danach gab es zwischen Huguette und mir keinerlei Zärtlichkeit und sie verstand, dass ich sie nie ehelichen würde. Das schlimmste daran war und ist, dass Huguette bis heute nicht geheiratet hat, warum auch immer. Während dieser Zeit, in der meine Gefühle Karussell fuhren, bemerkte ich das erste Mal, wie ich zu meiner jetzigen Frau stand. Also musste ich mich zwischen zwei verschiedenen Welten entscheiden. Entweder für ein Mittelmeer-Leben im Süden mit aller Bequemlichkeit, ohne Not (nicht beruflicher Art) oder ein nordeuropäisches Leben, das eigentlich für mich noch relativ fremd war. Zum Abschied kam abermals meine Straße und auch Huguette. Meine Freunde von den Schulen und der Universität haben mir am den letzten Abend während des Essens sehr hart und direkt die Leviten gelesen. Das Essen auf der Straße war für mich ein Spießrutenlauf. Nicht einer hat verstanden, warum ich wohl nach Deutschland zurückkehren wollte. Viele dieser Leute haben gedroht mit mir abzubrechen, sollte ich Huguette nicht heiraten, was sie auch tatsächlich taten. Mich schmerzte vor allem, dass meine Hochschulfreunde, die eigentlich eine gewisse geistige Elite darstellten, so „anti-deutsch" eingestellt waren. Zum Schluss warnte mich auch Herr Hans vor einem Daueraufenthalt in Deutschland. Am nächsten Tag war ich am Flughafen allein. Mit Tränen in den Augen schwor ich mir, dass ich nie wieder an diesen Ort zurückgehen würde.

9.2.2 Mein Einsatz in Saudi-Arabien

Im Oktober 1974 wurde ich eingeweiht, dass meine erste geschäftliche Reise nach Saudi-Arabien von Chiasso, Alfredo und John begleitet würde. Wir sollten mit „höher gestellten" Funktionären des Königreichs eine Art von Projekt-Controlling hinsichtlich der Wasserversorgung von Medina durchführen. Damit wir keine Schwierigkeiten bei der Ein- oder Ausreise bekommen sollten, besorgte die Organisation für uns amerikanische diplomatische Pässe. Wir flogen Mitte Oktober über Frankfurt nach Riad. Angekommen am Flughafen nahm uns die dortige Polizei bei der Einreise die Pässe ab, mit der Begründung, dass wir sie zurückerhielten, wenn unsere Arbeit abgeschlossen sein werde. John fuhr zur US-Botschaft und berichtete dem stellvertretenden Botschafter von diesem Vorfall. Daraufhin wurden im Hintergrund gewisse Gespräche durchgeführt und wir erhielten am nächsten Tag unsere Pässe zurück. Der Aufenthalt in Saudi-Arabien war trotz gewisser Annehmlichkeiten äußerst beschwerlich. So durften wir uns beispielsweise nicht frei bewegen, sei es innerhalb oder außerhalb der Stadt. Wir hatten jeweils pro Mann zwei „Begleiter", die uns auf Schritt und Tritt verfolgten. Eine Woche nach unserer Ankunft wurden wir gegen 17.00 Uhr zu einer Audienz bei König Faisal bestellt. Wir mussten mindestens acht verschiedene Sicherheitsstufen über uns ergehen lassen. Mitten im Empfangsraum seines Palastes stand ein langer, hagerer, älterer Herr mit einem milden Lächeln. Nach der Vorstellung jedes Einzelnen durch seinen Minister empfing uns der König mit den Worten „Ach, das sind die Herren, die so viele Schwierigkeiten gemacht haben." Er weigerte sich uns die Hand zu geben und sprach mit einer leisen ruhigen Stimme ganz offen über die Probleme dieses Projekts. Er versuchte in Erfahrung zu bringen, ob wir bereits eine Lösung hätten. Wir erhielten Süßigkeiten, sehr süßen Minze Tee und Datteln. Zum Abschied sagte dieser ältere Herr zu mir „ich traue keinem „weißen Mann" (d.h. Europäer und Amerikaner), denn sie werden für einen Obolus ihre Großmutter verkaufen" „Ihr habt keine Ehre". Er lud uns dennoch zu einem Abendessen mit seinem Premierminister am übernächsten Tag ein.

An diesem Abend war ich still und versuchte mir ein Bild über den Premierminister zu machen. Der Premierminister König Faisals versuchte uns klar zu machen, dass die Echtheit der antisemitischen „Hetzschriften wie das Protokoll der Weisen von Sion" bewiesen sei. Er war fest davon überzeugt, dass die Einbindung der Türkei in die Arabische Welt und insbesondere an Saudi Arabien ein strategischer Gewinn für die arabische Sache sei, da die Türkei immerhin NATO-Mitglied wäre. Angesprochen auf Gamal Abdel Nasser meinte der Premierminister, dass sowohl König Faisal als auch er sehr seinen frühen Tod bedauerten und ein Ersatz für Nassar gäbe es laut ihrer Meinung zurzeit nicht. Der Premierminister meinte, dass sowohl König Faisal als auch er nichts von Anwar al Sadat hielten. Der Premierminister ließ sich sogar darüber aus, dass König Faisal die Schmach des verlorenen Sechs-Tage-Krieges nicht überwunden hatte. Wir beendeten unseren Aufenthalt und ich war froh nach 14 Tagen wieder in Köln zu sein. Im Nachgang traf mich die Ermordung des Königs Faisal knapp ein Jahr danach sehr.

Die restlichen zwei Monate des Jahres 1974 waren durch die Vorbereitung auf verschiedene kurze Einsätze in Afrika geprägt. Das Tempo der Einsätze nahm im erheblichen Maße zu und die Aufenthaltsdauer pro Land wurde auf maximal drei Tage fixiert.

9.2.3 Mein Einsatz im Kongo

Anfang Januar wurde ich mit drei Kollegen, einer aus Nicaragua, einer aus Kolumbien und ein Kanadier, gebeten in den Kongo zu reisen und dort ein Projekt von mehreren „Brunnenbauprojekten" in der Provinz Katanga zu überprüfen und gegebenenfalls einen kritischen Bericht zu verfassen. Aufgrund der diplomatischen Pässe wurden die Voraussetzungen für Visa sehr vereinfacht. Außerdem war ein Treffen mit dem Präsidenten Mobuto Sese Seko vorgesehen. Mit richtigem Namen hieß er Joseph Desiré Mobutu. Was ich zu diesem Zeitpunkt nicht wusste war, dass Herr Mobutu eigentlich ein Oberst und ein starker Verbündeter der USA war (möglicherweise sogar ein Mitarbeiter der CIA).

Was ich weiterhin nicht wusste war, dass Mobuto in seinen sogenannten Unabhängigkeitsbestrebungen seit 1971 alle christlichen Namen afrikanisiert hatte. Er ließ sich in der Zeit als der mächtigste Hahn aller Hähne bezeichnen. Mobuto hat dafür Sorge getragen, dass die lange Beziehung zwischen dem Kongo und Belgien allmählich durch eine Beherrschung des Landes durch die USA abgelöst wurde. Betrachtet man die Reichtümer insbesondere in der Provinz Katanga wundert man sich nicht, dass seit Patrice Lumumbas Tod (1961) ein bis heute ungeklärter Genozid stattgefunden hat. Zur Festigung seiner Herrschaft benutzte er eine Kombination aus Gewalt, Korruption und frühzeitiger Ausschaltung alternativer Führer. Obwohl der Kongo eigentlich und grundsätzlich nicht an Wassermangel leidet, entbehrte insbesondere die Landbevölkerung in erheblichem Maße „halbwegs" brauchbares Trinkwasser. So mussten die Frauen, die in der Familie für die Wasserversorgung zuständig waren und es bis heute sind, manchmal bis zu 20 Kilometer zu Fuß (ohne Schuhe, barfuß) Tonfässer oder Fässer aus Tierhäuten mit Wasser befüllt nach Hause bringen. Das Projekt sah vor, dass wir in fünfzehn verschiedenen Dörfer ca. 70 Brunnen überprüfen sollten, um zu sehen, ob mit Hilfe von Sanierungsmaßnahmen und Einbau von modernen Pumpen das Leben der Einwohner erträglicher gemacht werden konnte. Gleichzeitig sollten der Landbevölkerung die Grundlagen zur Durchführung von Bewässerungsmaßnahmen beigebracht werden. Zum ersten Mal in meinem Leben wurde ich mit den Konsequenzen afrikanischer Bürgerkriege konfrontiert, denn ein Teil dieser Brunnen war mit verwesenden Leichen verunreinigt, die in den Brunnen geworfen worden sind, um zu verhindern, dass der Brunnen genutzt werden konnte. So wurde ein Viertel der kontrollierten Brunnen nicht mehr benutzt. So mussten wir vor Ort wieder das Bohren und Ausheben von Brunnen anstoßen, damit zumindest im Umfeld der Großstädte die ländliche Bevölkerung ein Minimum an Wasserversorgung hatte. Ich glaubte, dass eigentlich in einem so „reichen" Land wie dem Kongo zumindest im Umfeld von großen Städten eine gewisse Wasserversorgung gewährleistet sei müsste. Das war absolut nicht der Fall.

Wir hatten das „Glück", dem „Kolonel" Mobuto drei Mal zu begegnen. Er war ein Mann mittlerer Statur mit einem schwächlichen weichen Händedruck, der sich manchmal stundenlang selbst reden hörte. Der vorgesehene drei-tägige Aufenthalt wurde um mindestens eine Woche verlängert, was wir als unerträglich empfanden. Importierte Ersatzteile für die Pumpen mussten wir (obwohl dies nicht unsere Aufgabe war) selbst beim Zoll besorgen und zum ersten Mal erlebte ich am eigenen Leib, dass die Mitarbeiter vom Zoll die gewünschten Teile nur gegen Bares herausrückten – wir reden hier nicht von Luxusgütern wie großen Limousinen oder teures Parfum für die große Anzahl der Geliebten des Herrn Mobutu, sondern von Dichtungen, Schrauben und einfachen Filtern für die Pumpen.

Für fünf Kilometer Weg zum Zollamt mussten wir mit drei Stunden rechnen. Für die benötigten Genehmigungen zum Brunnenbauen und -bohren verlangte Präsident Mobutu über seinem Premiersekretär eine so genannte Aufwandsentschädigung. Als wir dies ablehnten, mit dem Hinweis, dass unsere Organisation so etwas nicht täte, fing der Premiersekretär laut an zu lachen und empfahl uns die amerikanische Regierung um Erlaubnis zu bitten. Total durcheinander schlief ich eine ganze Nacht nicht. Am nächsten Tag begann ich zu verstehen, dass mein Arbeitgeber „unter dem großen Einfluss" der damaligen US-Regierung stand. Eigentlich war ich zu diesem Zeitpunkt entschlossen, eine mögliche Vertrags-verlängerung abzulehnen. Im Nachhinein war meine Begegnung mit Mobuto und seinem Sekretär von allen Begegnungen mit Diktatoren, die ich in Afrika traf, eine der unangenehmsten. Es ist zu vermerken, dass ein Teil der abgezweigten Gelder in teure Adressen am Genfer See investiert wurden. Mobutu starb nicht zu Hause, er starb in Marokko, nachdem man ihn entmachtet hatte.

Ich war froh wieder in Köln zu sein. Reden über meine Reisen war mir de facto durch meine Verschwiegenheitserklärung untersagt.

9.2.4 Mein Einsatz in Tansania

1975 fand eine Begegnung in Tansania statt: Im März 1975 wurden wir angewiesen nach Tansania zu fliegen und wurden darauf vorbereitet, dass zu dieser Zeit in Tansania Julius Kambarage Nyerere Staatschef war und dass er eigentlich eher das sozialistische Lager tangierte. Ich traf ihn insgesamt drei Mal. Immerhin führte er verschiedene „Affronts" gegen den Westen durch, indem er Banken und Wirtschaftsunternehmen ausländischer Besitzer verstaatlichte. Außerdem verlangte er die Struktur der Dorfgemeinschaften nach sozialistischen Grundsätzen umzuformen. Das heißt der erwirtschaftete Landwirtschaftsertrag der Gemeinschaft sollte brüderlich unter den Dorfgemeinschaften aufgeteilt werden. Zudem veranlasste er eine Reform des Schulwesens, in der die Schulpflicht für jedes Kind, unabhängig von seiner Herkunft verankert war. Für den Westen war er insoweit sehr wichtig, weil er die Dogmen der Sowjetunion ablehnte. Zudem war er ein überzeugter „Demokrat" im Sinne der englischen Universitäten. Nyerere war unter anderem befreundet mit Bernard Grzimek und dem Staatspräsident Kenneth Kaunda. Zu vermerken ist, dass für Julius Nyerere als frommen Katholik nach seinem Tod ein Prozess für die Seligsprechung eingeleitet wurde. Außerdem hat sich Nyerere dadurch ausgezeichnet, dass er dem ANC Hilfe und Unterschlupf geboten hat. Ich traf Nyerere am Ostufer des Viktoriasees, weil das Projekt nicht nur den Brunnenbau, sondern auch die Wasserumverteilung vorsah. Zu vermerken ist, dass die Probleme von Tansania nicht die Menge an Wasser betrafen, sondern die gerechte Verteilung.

Das erste Mal als ich ihn sah, sah ich einen schmächtigen Mann mit grauweißem Haar und einem gütigen Lächeln im Gesicht. Er hatte einen festen Händedruck und er informierte uns höflich über unsere Unterbringung. Er sprach leise und deutlich und fixierte uns mit einem unwahrscheinlich stechenden Blick, trotz allem wirkte er gütig. Die längste Diskussion mit ihm dauerte über zwei

Stunden. Er wollte alles über das Projekt wissen und forderte uns auf, ihm die reale Einschätzung des Projektes zu geben. Er war kritisch gegenüber der Einschätzung vieler seiner Mitarbeiter. Er wollte keine Höflinge haben, sondern auch Leute, die ihm die kritischen Probleme offen nennen würden. Ich empfand die jeweiligen Begegnungen mit ihm als äußert angenehm und konstruktiv. Alles, was er uns versprochen hatte, hielt er ein. Als wir endgültig das Projekt im November 1975 zum Abschluss brachten, war ich überzeugt, dass das eins der wenigen Projekte sei, welches überleben würde, was solange zutraf als Nyerere an der Macht war.

Ich werde die Treffen mit der ländlichen Bevölkerung, ihr Sozialgefüge und ihre Sicht auf verschiedene Dinge des Lebens in verschiedenen Gebieten kurz beschreiben.

Ich werde nie vergessen, dass wir, mein Kollege und ich, ein Dorf relativ weit entfernt von der Hauptstadt bereisten, da dort Brunnen gebohrt werden mussten. Wir wurden zu dem Weisen des Dorfes geführt und bei einer Tasse sehr süßem Tee wurde uns eröffnet, dass die Weisen die Not der afrikanischen Bauern nicht direkt und plump aussprechen wollten. Ich werde den Satz des Weisen nie vergessen: „Die Erde wird sich drehen, ob wir hungern oder satt sind, sie hat sich vor uns gedreht und wird sich nach uns drehen. Das hat der „Weiße Mann" nur nicht verstanden." Auf meine Frage, was genau er damit meinte, antwortete er: „Ob wir hungern oder vor Durst sterben, ist für die Erde egal." Weiter kritisierte er die Überheblichkeit des „Weißen Mannes" gegenüber der Natur. (Glaubt dieser Narr wirklich, die Kräfte der Natur zu bändigen?")

Am nächsten Tag, bevor wir das Dorf verließen, rief mich wieder der weise Mann zu sich, um mir folgenden Satz mitzugeben: „Fremder, der du an diesem Dorf vorbei gehst, halt ein, denn du bist nicht anderes als ein Sandkorn im

Universum bzw. ein Wimpernschlag in der Ewigkeit." Am Anfang habe ich diese Worte nicht verstanden. Heute bin ich der Überzeugung, dass den Mann philosophische Gedanken bewegten, obwohl er nach unserem Maßstab ein Analphabet war. Ich hatte während der gesamten fünf Jahre verschiedene Begegnungen mit Dorfältesten und war immer beeindruckt, wie sie den Jüngeren und uns „Weiße Rasse" manche Wahrheiten beigebracht haben.

9.2.5 Mein Einsatz im Sudan

Im April 1975 mussten wir in den Sudan, nach Khartum, fliegen. Folgende Vorbemerkungen sollte ich zum Sudan machen: Im Norden und im Zentrum des Sudan ist der Islam die maßgebende Religion, im Westen und im Süden ist die Bevölkerung zum größten Teil dem christlichen Glauben angehörend. Beim christlichen Glauben seien hier zwei wesentliche Richtungen zu nennen: Zum einen die so genannten Urchristen, die sich Rom nicht verschrieben hatten. Eigentlich sind diese Urchristen aus heutiger Sicht fortschrittlicher, als die „modernen" Christen, da dort ein Matriarchat überwiegt. Große Teile dieser Stämme waren Nomaden und nicht auf einen Punkt fixiert, da die ständige Suche nach Wasserquellen das Leben dieser Menschen mitbestimmte.

Eine latente Spannung entstand mit den an Rom orientierten Christen, welche die andere Richtung darstellten. Diese wiederum trugen verschiedene Spannungen mit den Moslems im Norden aus. Nicht zu vergessen ist eine kleine Minderheit von Ur-Juden, die aus Äthiopien eingewandert waren. Festzuhalten ist, dass zu diesem Zeitpunkt der Staat Eritrea nicht existierte. Um eine bessere Einordnung vornehmen zu können, hat Präsident Numairi, der auch General war, und der eigentlich in Amerika, in Kansas ausgebildet wurde, 1969 über einen Putsch die Macht erreicht. Erstaunlicherweise war er ein starker Anhänger von Gamal Abdel Nasser und seiner pan-arabisch-sozialistischen Richtung.

Er setzte gewisse sozialistische Reformen zum Leid der USA durch. Er wurde 1971 durch einen kommunistischen Putsch entmachtet, aber aus Mangel an Alternativen wieder eingesetzt und Ende 1971 zum Präsidenten gewählt. Es gelang ihm, den lang andauernden Konflikt zwischen dem Norden und dem Süden des Sudan durch das Addis- Abeba-Abkommen zu beenden.

Festzuhalten ist auch, dass während der israelisch-arabischen Konflikte von 1967 ein Teil seiner Luftwaffe verloren ging. Seine Bitte an die USA, diese zu erneuern, wurde nur teilweise entsprochen. Insoweit war er ein „Pseudo-Mitglied" der westlichen Welt. In diesem Zusammenhang wurden ihm insgesamt drei Bewässerungsprojekte und zwei „Turn-Key-Projekte" durch die Organisation, in der ich beschäftigt war, gewährt. Meine erste Begegnung mit Numairi wurde für Mai 1975 an einem Samstagmorgen festgelegt. Wir waren darauf vorbereitet, dass wir ein Treffen mit einem Militär haben sollten, der eine gewisse Ordnung liebt. Ich sah einen aufrecht gehenden Mann mit stechendem Blick und einem ironischen Lächeln. Er hatte einen sehr festen Händedruck und war erstklassig auf das Treffen vorbereitet. Das knapp 75-minütige Gespräch war überschattet von seinen widerholten Vorwürfen an den Westen und seinem Haß gegenüber dem Staat Israel. Seine Argumentation über den Staat Israel war im Tenor des König Faisal gehalten. Angesprochen auf die BRD hat er nur gesagt, dass Westdeutschland eine Kolonie der USA sei und dass man mit denen keine ernsthafte Vereinbarung treffen könnte. Zudem wären die Deutschen von den „Juden" infiziert. Über das eigentliche Projekt wurde lediglich 30 Minuten gesprochen. Er wollte auch nicht wissen, ob es Probleme gab. Meiner Bitte, mit ihm über die Probleme des Projekts zu reden, wurde nicht entsprochen mit dem Hinweis, dass ich da wäre, um die Probleme zu lösen und nicht zu machen. Ich war froh, wieder in unserem Hotel zu sein. Ich sah Numairi gegen Ende des Jahres zum zweiten Mal. Er wirkte leicht verändert, nervös und vor allem „islamistischer" als bei der ersten Begegnung. Im Nachhinein vollzog Numairi eine Wendung zum radikalen Islam der saudi-arabischen Prägung.

9.2.6 Mein Einsatz in Uganda

Idi Amin war eine der schillerndsten Persönlichkeiten, die ich in Afrika gesehen habe. Sein richtiger Name war Idi Amin Dada Oumee, geboren soll er zwischen 1923-1928 sein. Er entstammte eigentlich einer Volksgruppe aus dem Süd Sudan. Seine Mutter stammte aus dem heutigen Kongo. Zudem war sie eine „Medizinfrau". Seine Karriere begann er als Boxmeister aller Klassen seines Landes. Ausgebildet wurde er durch die „Kings-African-Rifles", einer legendären Einheit der britischen Kolonialarmee. Er begann dort als Hilfskoch und erklomm 1959 den höchsten Rang, den ein Afrikaner in einer Kolonialtruppe haben konnte. Er wurde sogar, einmalig in der Geschichte Afrikas, britischer Leutnant. Schon damals war er durch eine ausgesprochene Brutalität aufgefallen. Es wurde berichtet, dass er die Schlichtung eines Konflikts zwischen zwei Stämmen durch die Androhung der Verstümmelung der Genitalien der Männer erreichte.

Anfang 1966 waren ihm bei einer Ausbildung in Israel Fallschirmabzeichen ausgestellt wurde. Zwei Jahre später wurde er General und drei Jahre später Generalstabschefs. Er sicherte sich die Kontrolle des ganzen Heers, indem er sehr stark Angehörige seines Stammes sowie Moslems aus dem Norden des Landes rekrutierte. Am 25.1.1971 putschte Adi Amin in einem unblutigen Konflikt, aber nur wenige Tage danach verschwanden intellektuell hohe Offiziere, Richter, ganze Dörfer, in denen er keine Gnade walten ließ. Einer der prominenten Opfer war Janani Luwum, anglikanischer Erzbischof von Uganda. Augenzeugen zufolge warf Idi Amin sehr viele Leichen in seinen Framen Krokodilen zum Fraß vor.

Idi Amin begann eine so genannte Afrikanisierung seines Landes, indem er asiatische (Inder) Einwohner des Landes verwies und die ausländischen Firmen enteignete. Er hat das Kunststück fertig gebracht, mit dem Westen Handel zu betreiben und gleichzeitig Waffen aus der Sowjetunion zu beziehen Die BRD hat „offiziell" bis 1975 sehr gute Beziehungen zu ihm unterhalten. Im Juni 1976 ließ sich Idi Amin Dada zum Präsidenten auf Lebenszeit ernennen. Meine Begegnungen mit ihm fanden im Juni 1975 und im November 1975 statt. Die erste Begegnung verlief so, dass ich mich einem riesigen Mann gegenüber sah, der sicherlich 130 Kilo wog, lächelte, eine relativ laute und dunkle Stimme hatte, der aber mindestens drei oder vier Sprachen sprach. Er war äußerst neugierig und wollte jede Kleinigkeit über unser Projekt wissen und vor allem namentlich, wer von seinen Untertanen nicht den Anordnungen folgte. Er hat uns eindrucksvoll demonstriert, welche Macht er über seine Soldaten hatte. Während er uns sein Anwesen zeigte, hatte ich die Möglichkeit mit einer seiner Frauen etwa zehn Minuten ungestört zu reden, eine sehr hübsche, sehr filigrane, sehr hochgebildete Frau. Sie berichtete mir, dass sie aus dem Stamm der Hutu kam und dass sie eigentlich nur als Pfand für Ihre Eheschließung mit Idi Amin anwesend war. Als wir über Idi Amin sprachen, sah ich in ihren Augen regelrecht Panik. Nachdem er uns ausgiebig sein Anwesen gezeigt hatte und damit angab, dass er aus kleinsten Verhältnissen zu so einem Reichtum gekommen war, wurden wir beiseite genommen und von seinem Privatsekretär gebeten, für den Bau der Brunnen eine so genannte Abstandsumme für die Entnahme von Wasser zu zahlen. Demnach gehörte das Wasser des Landes nicht dem Volk, sondern Idi Amin persönlich. Wir waren in der misslichen Lage eine Zusage geben zu müssen. Dann kam ein Vorschlag des Sekretärs selbst: „Schenken Sie seiner Exzellenz, dem Präsidenten auf Lebenszeit, dem Herrn über Himmel und Erde, einen Chevrolet." Wir hätten das zwar aus unserem Etat finanzieren können, wussten aber nicht, woher wir einen Chevrolet bekommen sollten. Miguel, mein Kollege aus Nicaragua, hatte einen guten Freund in der Elfenbeinküste, der amerikanische Autos importierte. So haben wir ein Telegramm (damals war keine telefonische Leitung in Uganda vorhanden) geschickt und Idi Amin erhielt einen knallroten Chevrolet, den wir von unserem Spesenkonto finanzierten. Das zweite Mal, das ich ihn traf, war im Jahr 1976. Er hatte eine neue Ehefrau, die vorherige Ehefrau war verschwunden. Dieses Mal waren wir auf Schritt und Tritt von „Begleitern" verfolgt worden. Dieses Mal war die Atmosphäre des Gesprächs etwas gespannter, da Idi Amin unterstellte, dass der Westen und insbesondere der Staat Israel ihn vernichten wollen. Tatsache ist, dass nach unserem ersten Treffen im Juni im Zusammenhang mit der Befreiung durch Spezialeinheiten der 25 Geiseln, die durch Palästinenser entführt worden waren und in Entebbe festgehalten wurden, ein erheblicher Teil der ugandischen Luftwaffe zerstört worden war, was Idi Amin als schwere Demütigung empfand. So ließ er die jüdische Nora Bloch, die zuvor von den Palästinensern freigelassen worden war, im Krankenhaus ermorden. Auch eine große Zahl an Kenianern, die bei dieser Aktion den Israelis geholfen hatten, musste sterben. Er wollte Hilfsgelder zur Errichtungen eines Hitler-Denkmals am Viktoria-See einstreichen. Warum auch immer wurde dieses Vorhaben letztendlich nicht durchgeführt. Die Betitelung „Idi Amin - der Schlächter von Afrika" ist aus meiner persönlichen Begegnung nur teilweise zu rechtfertigen. Idi Amin zeigte bei den unterschiedlichen Treffen immer unterschiedliche Ausprägungen seiner Persönlichkeit. (Übrigens, meine Frau weiß bis heute nichts über die Gefahren dieser Reise).

9.2.7 Mein Einsatz im Senegal

Als Gegensatz zu Idi Amin traf ich Mitte 1976, 1977 und 1978. Léopold Sédar Senghor, den Präsidenten des Senegal, im Zusammenhang mit verschiedenen Projekten.

1976 fand ein Projekt im Nordosten des Senegals statt, in der Gebirgsgrenze zu Mauretanien. Das Dorf, in dem wir arbeiteten, war wenige Kilometer von der Grenze entfernt. Es ging um 15 Brunnen, die gebohrt werden sollten, um eine kleine Stadt sowie etwa 25 Dörfer zu versorgen. Dort hatten wir wiederum Probleme mit Stämmen, die eigentlich nur Franzosen, und keinen wie auch immer gearteten amerikanischen Einfluss erlauben wollten. Deswegen hatten wir darum gebeten, eine Audienz bei Senghor zu erhalten.

Senghor war der kultivierteste Politiker und einer der führenden Kulturmenschen in der französischen Sprache, die ich je traf. Er hatte einen Dr. der Philosophie an der Sorbonne gemacht und war gleichzeitig Poet. 1945 geriet er in deutsche Gefangenschaft und floh kurz vor seiner Erschießung. Während der Krieg in Deutschland stattfand und er in Kriegsgefangenschaft war, las er verschiedene deutsche Schriftsteller. 1946 heiratete er die Tochter des Generalgouverneurs für Französisch-Äquatorial-Afrika. 1948 gründete er den „Bloque Democratique Senegale" und wurde 1951 Staatssekretär. Er war ein Verfechter des afrikanischen Verbunds mit Frankreich und wurde 1976 erster Staatspräsident des Senegal. Zu vermerken ist, dass ihn seit 1950 eine tiefe Freundschaft mit Janheinz Jahn verband. 1974 traf er auf Bruno Kreisky, deren Freundschaft bis zum Tode bestand. Er erhielt 1968 den Friedenspreis des deutschen Buchhandels. Senghor war einer der wenigen Präsidenten, der freiwillig am 31.12.1080 abtrat, zu Gunsten von Abdul Diouf.

Die Begegnungen mit Senghor waren in meinem Leben und für meine Entwicklung als Person eine Art von „Meilenstein". Während unserer Zusammenkünfte ging es im geringsten Teil um die Projekte, sondern um Botschaften, die dieser Herr uns mitgegeben hat. Botschaften, die eigentlich jeden Afrikaner stolz machen könnten. Er hat dem Westen keinen Vorwurf über die Kolonialzeit gemacht, er beschwerte sich lediglich darüber, dass die neue politische sowie geistige Elite Europas nicht ihrem Ruf gerecht würde, insoweit als dass für kurzfristige wirtschaftliche Erfolge letztendlich ein sehr hoher Preis bezahlt würde. Er erzählte über seinen Senegal wie über eine hübsche Geliebte. Er erzählte auch, wie mühsam das Leben und wie hoch das menschliche Leid der Sklaven war, welches diese Sklavenhändler der schwarzen Rasse angetan hatten, als Frauen von ihren Männern, Mütter von ihren Kindern, Väter von ihren Kindern getrennt wurden. Gleichzeitig beklagte er sich über die Rassenauseinandersetzungen in den USA und sagte, dass er sehr glücklich wäre, wenn er wüsste, dass ein „Schwarzer" eines Tages das mächtigste Land der Welt regieren würde. Der einzige große Vorwurf, den er Frankreich machte, war dass die Gesetze zur Abschaffung der Sklaverei erst 1848 und damit sehr spät kamen.

Man hat in Deutschland zu Unrecht Senghor einen Ideologen des afrikanischen Kolonialismus bezeichnet. Insbesondere ein Jüngling wie Daniel Cohn-Bendit hat in Dakar gegen Senghor demonstriert, ohne sich jemals mit der Geschichte des Kolonialismus befasst zu haben. Er wurde zu sechs Monaten Gefängnis auf Bewährung verurteilt. Was Cohn-Bendit nie verstanden hat ist, dass brutale Auseinandersetzungen zwischen afrikanischen Staaten und Ex-Kolonialmächten nie zu einer Lösung führten und immer zu einem schlechteren Resultat führten, als der moderate Weg, den Senghor vertrat. Eine Ausnahme stellt Algerien dar.

Senghor war in irgendeiner Art und Weise, so wie Bruno Kreyski, Mitglied des Club of Rome. Rainer Maria Rilke und Georg Trakl sowie Amadeus Mozart waren für Senghor wichtige Bezugspunkte zu der deutschen Kultur. Er erhielt zahlreiche Auszeichnungen und wurde als erster Afrikaner Mitglied der Academie Francaise (1983).

1990 wurde die neu gebaute Universität von Alexandria nach ihm benannt und nicht nach Nasser.

Ich werde wiederum eine Begegnung in einem senegalesischen Dorf im Nordosten des Landes nicht vergessen. Dort sollten wir die Überwachung der Bohrung von vier Brunnen wahrnehmen. Ein einziger Mammutbaum stand mitten im Dorf. Darunter war der Dorfälteste damit beschäftigt, Heranwachsenden Grundzüge des Zusammenlebens beizubringen. Ich werde mich immer daran erinnern, wie der alte Mann den Begriff der Wahrheit erklärte. In diesem Dorf standen einige Rosen. Er ging hinter seine Hütte, schnitt eine weiße Rose, (ich habe dort selten Rosen gesehen) hielt die Rose den Heranwachsenden vor die Gesichter und sagte: „Schaut. Die Rose sieht von jeder Seite anders aus, diese Rose wird, wie ihr wisst, sehr schnell verwelken. Und schaut, wie viele Dornen sie hat." Während unserer Diskussion fragte ich ihn noch einmal, was er damit meinte. Er sagte zu mir: „Die Wahrheit ist immer aus Sicht eines Standpunktes wahr. Für diese Rose gibt es mehrere Wahrheiten. Die Wahrheit ist wie eine Rose. Sie stirbt sehr schnell. Die Rose ist sehr schön, so dass jeder Mensch sich an ihr erfreuen kann. Das heißt, dass jeder Mensch sich an der Wahrheit erfreut. Die Dornen und auch die Wahrheit können aber auch wehtun. Darum habe ich die Rose gewählt, um dies zu erklären."

Am nächsten Tag sah ich ihn, wie er kleine Minze Pflanzen umtopfte und bewässerte, was den Pflanzen gut zu tun schien. Ich fragte ihn, was er da täte. Er antwortete: „Ich pflege die Freundschaft." Auch dies habe ich nicht verstanden und fragte er nach dem Sinn seiner Worte. Er sagte, dass Freundschaften wie zarte Pflanzen seien, die man ständig pflegen müsste, weil Freundschaft sonst sterben würde.

In einem anderen Dorf im Westen Senegals traf ich auf einen alten weißhaarigen senegalesischen Seemann, der ebenfalls junge Männer in die Grundsätze des Lebens einwies. Auf die Frage eines Schülers „was sind Paradies und Hölle?", antwortete der alte Mann „diese trägst Du in Dir. Wenn Du gütig zu den Menschen und Deiner Familie bist, dann ist es das Paradies. Wenn Du böse zu den Menschen und zu Deiner Familie bist, dann ist das die Hölle"

In einem dritten Dorf im Zentrum Senegals wurde ich zum Dorfältesten gebracht. Während einer abendlichen Diskussion kam die Frage auf, „was ist Liebe und was ist Hass". Der alte Mann sagte, „die rechte Hand ist die Liebe, denn diese nutzt Du öfter, und die linke Hand ist der Hass, versuche, diese möglichst wenig zu benutzen.

Dies waren Menschen, die weder lesen noch schreiben konnten.

9.2.8 Mein Einsatz in der zentralafrikanischen Republik

Im Jahr 1976 wurden wir beauftragt, fünf Projekte in der zentralafrikanischen Republik zu betreuen. Nach unserer Ankunft in Bangui wurden wir im Hotel auf das Projekt vorbereitet. Diese Projekte dienten nicht nur der Bewässerung, sondern waren „Turn-Key-Projekte". Zentralafrika hatte zwei Lokomotiven und 25 km Schienen in Deutschland bestellt. Da in Zentralafrika häufig Putsche stattfanden, wurden diese Lokomotiven und die Schienen als militär-strategisches Projekt eingestuft. Die Schutzmacht Frankreich hatte ihren Einfluss geltend gemacht, um dieses Projekt zu ermöglichen. Zudem waren in Zentralafrika verschiedene Diamant-Vorkommen lokalisiert und wegen des Schmuggels von sehr vielen Diamanten aus Katanga im Kongo im Südwesten des Landes gab es viele Probleme. Als wir ankamen, war Jean-Bédel Bokassa an der Macht und ließ sich nach unserer Abreise zum Kaiser des Zentralafrikanischen Kaiserreichs proklamieren (mit Hilfe Frankreichs). Bokassa selbst wurde in französischen Militärschulen ausgebildet. Im März 1972 ließ sich Bokassa zum Präsidenten auf Lebenszeit ausrufen. Im Mai 1974 hat er sich zum Feldmarschall erklärt. Neben insgesamt 15 Ehen hatte er verschiedene Geliebte (man geht davon aus, dass er ca. 70 Kinder zeugte). Nicht zu vergessen ist, dass er auf Druck des Libyers Muammar Al-Gaddhafi 1975 zum Islam übertrat und sich nun Salah Eddine Ahmed Bokassa nannte.

Am zweiten Abend in Bangui, kam sein „Chef de Cabinet" zu uns und wird beredeten die Projekte und deren Nutzen. Der „Chef de Cabinet" machte uns aber klar, dass wir für die Schienenstraßen einen wie auch immer gearteten Obolus oder das Wohlwollen der mächtigen Staaten haben müssten. Zudem müssten wir nicht die richtige Anzahl der gelieferten Waren unterschreiben. Mein Kollege Miguel echauffierte sich und erklärte, dass wir weder käuflich noch korrupt wären. Der „Chef de Cabinet" lächelte ironisch und meinte, dass jeder Mensch seinen Preis hätte. Als er uns verließ, hinterließ er ein in ein Taschentuch gewickeltes Bündel. Mein Kollege Sven aus Schweden fragte mich, was wir damit tun sollten. Ich antwortete ihm: „Egal, was wir tun, wir werden Schwierigkeiten bekommen." Wir beauftragten Miguel das Bündel bei der Rezeption des Hotels abzugeben. Der Mitarbeiter an der Rezeption sah nur Miguel und rief die Militärpolizei, sodass wir zwei Stunden später in einem Verhörraum saßen. Wir wurden beschuldigt den „Chef de Cabinet" bestechen zu wollen. Außerdem hatten wir nur das Recht auf ein einziges Telefonat. Ich rief bei der französischen Botschaft an. Daraufhin wurden wir unter Auflagen frei gelassen. Wir begannen mit unseren Kontroll- und Prüfarbeiten beim Zoll. Wir fanden lediglich eine Lokomotive und lediglich ein Viertel der angeforderten Schienen. Sven, Miguel und ich verweigerten also unsere Unterschrift. Aufgrund dieser Verweigerung hat die Organisation keine Gelder an den Lieferanten freigegeben, was wiederum den Lieferanten zwang, einen „Hermes" (Kreditausfallversicherung) in Anspruch zu nehmen. „Hermes" war jedoch eine deutsche, staatliche Organisation. Daraufhin hat sich das deutsche Auswärtige Amt bei der internationalen Organisation beschwert und es kam zu einer Auseinandersetzung. Die Zentrale unserer Organisation schickte uns daraufhin eine ultimative Order, die Unterschrift zu leisten. Wir leisteten diesem Befehl Folge. Plötzlich lief von Seiten der Behörden der gesamte Aufenthalt binnen Stunden wie geschmiert und wir fuhren in den Westen Zentralafrikas, anschließend in den Norden und den Osten, um die anderen Projekte zu überprüfen. Auch dort wurde versucht, weitere Bestechungen an uns vorzunehmen. So wurden mir zum Beispiel fünf Tonnen Rosenholz zur Lieferung frei Haus nach Köln angeboten, was ich dankend ablehnte. Nach Rücksprache mit unserer Zentrale haben wir alle Unterschriften geleistet, wohl wissend, dass diese Verträge den Fakten nicht entsprachen. Übrigens hatte sich inzwischen der selbsternannte Kaiser „seine Majestät" Bokassa der Erste, wieder zum Katholizismus bekannt und schuf eine kaiserliche Verfassung. Er ließ sich zum 13. Apostel ernennen. Besonders zu erwähnen ist, dass Frankreich die wichtigste Stütze des Regimes war und Waffen gegen das starke Uranvorkommen tauschte. Insbesondere hat Bokassa sehr oft Waffen für Jagd Ausflüge nach Frankreich gebracht. Es wurde berichtet, dass Bokassa mit so genannten „Blutdiamanten" zum Teil die Wahl von Valerie Giscard d' Estaing ermöglichte.

Ich persönlich hatte zwei Begegnungen mit Bokassa. Während unseres insgesamt dreieinhalb stündigen Gesprächs gewann ich den Eindruck, dass Bokassa in bestimmten Aspekten sehr intelligent (Bauernschläue) war, aber auch unter erheblichen Minderwertigkeits-komplexen litt. Er hatte panische Angst vergiftet zu werden und ließ stets sein Essen durch einen Vorkoster testen. Zudem trug er immer weiße Handschuhe und hat sich anschließend jedes Mal wenn er uns sah die Hände gewaschen, obwohl wir ihm die Hand nicht gaben. Die Projekte in Zentralafrika waren nach späterer Betrachtung „rein politische Projekte."

Ich war erstaunt, wie stoisch die Bevölkerung diese Maskeraden ihres Staatsoberhaupts aufnahm.

9.2.9 Mein Einsatz in der Elfenbeinküste

Im Mai 1976/1977/1978 wurden wir beauftragt in der Elfenbeinküste verschiedene „Turn-Key-Projekte" und Bewässerungsprojekte durchzuführen. Man muss festhalten, dass die Elfenbeinküste eigentlich nicht an Wassermangel leidet. Das Problem besteht hier im Transport, der Versorgung und der Verteilung. Zudem litt das Land de facto von 1960 bis Anfang 1993 unter dem Staatspräsidenten und Vorsitzenden der Einheitspartei PDCI - RDA Felix Houphouet-Boigny. Frankreich hatte während dieses gesamten Zeitraums sein Regime sehr stark unterstützt und war de facto eine Säule für seine Macht. Der Präsident war ein relativ religiöser Mensch und glaubte, dass er von Gott berufen sei, das Land zu steuern. In den 80er Jahren ließ er in Yamoussoukro nach dem Vorbild des Petersdoms eine Kathedrale erbauen. Seine erste Frau Kady (Kadija) schenkte ihm fünf Kinder und war Muslimin. Er selbst pflegte Beziehungen zu verschiedenen Marabut, war jedoch ein ausgesprochener Gegner von Saudi-Arabien. Er warf dem stets vor, dass die dortige Ideologie nach Schwarzafrika transportiert wurde. Da er sowohl zu der katholischen Kirche (insbesondere Rom) als auch zu dem gemäßigten Teil des Volkes, Muslimen, ein sehr gutes Verhältnis unterhielt, beriefen sich die muslimischen Geistlichen nach seinem Tod auf ihn, um ihren Forderungen, zwei Staaten in der Elfenbeinküste zu gründen, einen muslimischen und einen christlichen, viel Gewicht. Es ist zu vermerken, dass er stets gegenüber dem „Arabertum" kritisch und skeptisch war und sich weigerte, mit Saudi-Arabien, Katar und den arabischen Emiraten politische Beziehungen aufzunehmen. Einer seiner engsten Freunde war Guineas Präsident Ahmed Sékou Touré. Er pflegte übrigens in den 50er Jahren eine gute Beziehung mit Robert Schumann und Francois Mitterand und wurde sogar französischer Minister unter Gaston Defferre (die vierte Republik).

Zu den Projekten ist zu sagen, dass ich feststellen musste, dass sowohl im Norden (Mehrheit muslimisch) als auch im Süden (Mehrheit christlich) eine indische Minderheit lebte und die Projekte nur zur Hälfte erfolgreich waren. Dies lag in erster Linie an der Gleichgültigkeit der Verwaltung, eine unkontrollierte politische Einflussnahme seitens der Dorfältesten oder Mächtigen aus Abidjan hinzunehmen. Zudem waren Verwaltung und Polizei zum Teil äußerst korrupt. So mussten meine Kollegen und ich, um in das Land zu reisen, jeder einen Obolus bezahlen. Man muss ehrlicherweise auch sagen, dass der einfache Polizist und der einfache Beamte sehr schlecht bezahlt wurden. Nach Abschluss des Projekts in der Elfenbeinküste hatte ich einen ambivalenten Eindruck über das Land, wohlwissend, dass diese Projekte nur kurzlebig waren und mit erheblich mehr Aufwand verbunden als vorher geplant war. Auch beim Zoll in Abidjan sind mehrere Investitionsgüter im Wert von umgerechnet zweistelligen Millionen Dollar verschwunden. Auch in diesem Fall mussten wir die Freigabe auf politischen Druck hin trotzdem unterschreiben, der dieses Mal nicht lediglich von unserer Zentrale, sondern auch von der französischen Regierung ausgeübt wurde.

9.2.10 Mein Einsatz in Äthiopien

Nach Äthiopien wurden wir insgesamt vier Mal geschickt. 1975, 1976, 1978, 1979. Als wir zum ersten Mal nach Äthiopien kamen, wurde ein Jahr davor der Kaiser Haile Selassie gestürzt. In den Putsch war Mengistu Haile Mariam beteiligt. Er war einer der Generäle der Armee, welche in den letzten Amtsjahren des Kaisers durch die

Sowjetunion beeinflusst worden waren. Erst ab März 1977 wurde Mengistu Staatsoberhaupt der kommunistischen Partei. Zuvor hat er seinen Vorgänger ermorden lassen. Seine Politik war angelehnt an den so genannten realen Sozialismus und damit eine so genannte Einheitsparteidiktatur sowie durch eine Militarisierung des Volkes. Dies wurde großzügiger Weise durch die Sowjetunion und Ostblockstaaten finanziert. Der Fehler des Westens, der nicht frühzeitig auf die zunehmende Armut des größten Teils des Volkes und den unbeschreiblichen Reichtum der Oberklasse reagiert hatte. In verschiedenen Kampagnen wurden schätzungsweise zwischen 80.000 und 250.000 sogenannte Klassenfeinde eliminiert. Als Klassenfeind bezeichnete das Regime jeden, der sich der Enteignung widersetzte. Insgesamt sind Schätzungen zufolge ca. 500.000 bis 750.000 Menschen, während Mengistu Haile Mariams Regentschaft umgekommen.

Es wurde ein Staatssozialismus mit sowjetischer Prägung in die Verfassung aufgenommen mit dem Ziel der Schaffung einer „Klassenlosen Gesellschaft". Ein weiterer Fehler des Regimes war die Enteignung aller ausländischen Unternehmen ohne Entschädigung. Mengistus Herrschaft war insbesondere zu Beginn der 80er Jahre verbunden mit einer noch nie da gewesenen Dürreperiode und Hungersnot, die von heftigen Aufständen begleitet wurden. Zwanghafte Umsiedlung von Bauern und Eingriffe in Handel und Produktion hatten die größten Versorgungsprobleme im ganzen Land zufolge. Dazu kamen kriegerische Auseinandersetzungen mit der Widerstandsbewegung, vor allem in Tigray im Norden und in Eritrea, die mit ethnischen Konflikten verbunden waren. Erst 1991 mit dem Zusammenbruch der Sowjetunion wurde das Regime gestürzt. Mengistu Haile Mariam wurde 2008 zwar verurteilt, seine Todesstrafe aber zu einer lebenslangen Haftstrafe umgewandelt, welche aber nicht vollstreckt wurde.

Ziel unseres Einsatzes in Äthiopien war durch gezielte Brunnenbohrung und Versorgung im Norden und Süden des Landes, an der Grenze zu Somalia, dafür Sorge zu tragen, eine gewisse Minderung der schon damals herrschenden Wassernot zu erreichen. In allen diesen Projekten wurden wir auf das Äußerste behindert durch das sogenannte Volkskomitee, welches weder ausgebildet noch den lokalen Bauern und Herren zugehörig war. (Sie kamen aus anderen Stämmen). Die Projekte in 1977 und 1978 wurden zusätzlich erschwert durch die umgesiedelten Bauern, die in Wahrheit Parteimitglieder waren. Solche sogenannten Bauern hatten weder die notwendige Geduld, die ein Bauer braucht, noch das Wissen um die Erde, noch Bezug zu dem zugeteilten Boden. Sie waren eine der Hauptursachen für das Scheitern der Projekte. Im Grunde waren sie Nomaden und hielten vor allem übergroße Herden an Ziegen und Schafen, die jeden grünen Zweig fraßen, der noch vorhanden war. Sie wurden zwar von Kooperativen und staatlichen Zentren zu einem festen Preis gekauft, aber selbst dieser Preis war so niedrig, dass er eigentlich nicht ausreichte, um die Bevölkerung mit Grundnahrung zu versorgen. So entwickelte sich parallel zu dieser Planwirtschaft eine illegale Tauschwirtschaft, verbunden mit einer gewissen Korruption. Planwirtschaft, Parallelwirtschaft und Korruption ließen unseren Frust so steigen, dass wir von Mal zu Mal nur schweren Herzens ins Land einreisten. Ich traf Mengistu drei Mal. Jedes Mal in einem eleganten Anzug, sein Palast war eine Mischung aus sowjetischem Protz, Militärkaserne und afrikanischer Folklore. Mit ihm waren stets die Führungskräfte der Einheitspartei. Er hielt uns vorab eine Deklaration analog der sowjetischen Führung, in dem er den Westen, die USA und ihre Vasallen aufs Übelste beschimpfte. In uns sah er zuerst ein notwendiges Übel, das man sehr streng kontrollieren müsste. Wir durften uns nicht in Addis Abeba frei bewegen und mussten spätestens gegen 21.00 Uhr in unserem Hotel sein. Bei unseren Einsätzen im Land hatten wir stets zwei Begleiter, die Kontakt mit der dortigen Polizei oder Militärpolizei hatten. Anlässlich der verschiedenen Einsätze machte und Mengistu klar unsere Arbeit möglichst schnell zu beenden und die Ergebnisse zu präsentieren. Wir empfanden diese Begegnungen als äußert unangenehm, hielten uns aber mit jedem Kommentar zurück. Mengistu machte uns bei diesen Treffen klar, dass er keine andere Meinung als die eigene über die Projekte dulde. Im Nachhinein gehörte Mengistu zu den unangenehmsten Staatschefs, die ich in Afrika traf.

Ich möchte nicht vergessen zu erwähnen, dass der jüdische Stamm in Äthiopien trotz seines Konservatismus eine hervorragende Hilfe für uns war, einige Projekte erfolgreich durchzuführen.

Außer den umgesiedelten Personen waren in den Dörfern ein Teil der Einheimischen, vor allem Frauen und Kinder oder ältere Leute. Dieser Teil der Bevölkerung war für uns die eigentliche Motivation für die Projekte. Ich werde nie den Blick dieser jungen Frauen vergessen, die obwohl barfuß gehend ihre Wasserkrüge elegant auf dem Kopf trugen. Manchmal taten sie das 20 km weit. Ich habe selbst versucht, so einen Krug etwa zwei Kilometer zu tragen und war danach äußert erschöpft. Eine junge Frau übernahm den Krug lächelnd bis zum Dorf. Die Würde, die Grazie, das Lächeln dieser Frauen hat in mir eine Bewunderung hinterlassen, die ich bis heute empfinde. Seien es junge Frauen oder Mütter mit mehreren Kindern, nach diesen 20 bis 40 km Fußmärschen bewirtschafteten sie die Felder. Die Männer waren entweder umgesiedelt oder bei ihrer Herde. Ich musste feststellen, dass ein Teil der Männer im mittleren Alter regelrechte „Pascha-Allüren" an den Tag legte. Erstaunlicherweise hatten die älteren Witwen und die alten Männer eine Ranggleichheit inne. Die älteren Frauen haben sich der jüngeren Frauen angenommen und versucht mit klugen Ratschlägen die Problematik des Hungers zu lindern. Zum Beispiel Vermengung von Sand mit Mehl oder die Streckung der Ziegenmilch für die kleinen Kinder. Oder durch die Zusammensetzung von medizinischen Kräutern Hunger und Darmkrankheiten der Kinder zu mindern. Die alten Männer nahmen sich der Kinder und Heranwachsenden an, die noch nicht in der Einheitspartei waren, und versuchten ihnen Fähigkeiten und Fertigkeiten und Grundsätze des Lebens zu vermitteln. So nutzten diese alten Herren sehr oft die Form der Märchen oder der Erzählungen über Erlebnisse ihrer Vorfahren, um ihre Botschaften zu vermitteln. Ich persönlich habe alles daran gesetzt, diese Weisheiten mittels unserer Übersetzer zu hören und zu verstehen. Manche dieser Weisheiten haben mir im Leben, wenn ich ab und zu nicht mehr wusste, wie es weiterging, sehr geholfen.

9.2.11 Mein Einsatz in Algerien

Im Jahre 1976 wurden wir damit beauftragt, vier verschiedene Projekte in Algerien zu überprüfen und mit Kontakt zur Leitung der Ein-Partei-Diktatur der FNL zu treten. In diesem Zusammenhang wurden wir von Houari Boumedienne empfangen.

Boumedienne hieß mit richtigem Namen Mohammed Boukharrouba. Er empfing uns in Algier und wir wurden hinsichtlich einer möglichen proamerikanischen Einstellung durchleuchtet.

Man muss sagen, dass zu diesem Zeitpunkt Boumedienne einen islamorientierten Sozialismus anstrebte und dass die Sowjetunion eine gewisse Rolle spielte.

Dies war ein Widerspruch zur Mitgliedschaft Algeriens im Block der freien Staaten. Angesichts der an der Sowjetunion orientierten Landwirtschaftsplanung litt Algerien in diesen Jahren unter extremer Lebensmittelknappheit und Versorgungsengpässen. Zudem kam es aufgrund einer Dürreperiode zu einer großen Knappheit der Versorgung der Dörfer im Süden und im Osten des Landes und zu erheblicher Wüstenbildung der Böden.

Insoweit war es Algerien, obwohl es bereits zu dieser Zeit für afrikanische Verhältnisse kein armes Land war, recht, dass mein Arbeitgeber mehrere Bewässerungsprojekte finanzierte. Boumedienne verstärkte die Industrialisierung und seine sogenannten „wirtschaftlichen Erfolge" hatten ihm ein hohes Ansehen unter seinen arabischen Brüdern eingebracht. Ich erlebte diesen Politiker und Staatchef als einen spröden und schlaksigen Mann, der absolut keinen Widerspruch zu seinen Thesen zuließ.

Einer seiner großen Fehler war, dass er die realen Möglichkeiten seiner Untergebenen überschätzte und seine Planung in Bezug auf die Planwirtschaft nicht besser war als in der Sowjetunion.

Mittelständische Landwirte wurden enteignet und ihnen wurden Kooperativen aufgezwungen. Ich traf Boumedienne zwei Mal. Dabei habe ich beim ersten Mal ihn relativ schweigsam erlebt und es sprach eher sein Hauptsekretär. Beim zweiten Mal war er jedoch sehr bestimmend in der Stellung seiner Forderungen, dass wir jeden unserer Schritte mit der algerischen Regierung abzustimmen hatten. Die Projekte in Algerien betrafen ca. 400 Brunnen und als ich Algerien verließ, war ich fast sicher, dass die Projekte keinerlei Chancen zum Erfolg hatten. Eine Abnahme hinsichtlich der jeweiligen Projekt-Meilensteine musste ich dennoch leisten, wohlwissend, dass die Qualität der Arbeit mehr als mangelhaft war. Einer der Hauptgründe des Misserfolgs war das plötzliche Ausscheiden erfahrener Fachkräfte und erfahrener Landwirte, die ihren Besitz unter Wert verkauften und die massive Auswanderung von gut gebildeten Algeriern nach Frankreich. Daraus entstand eine Ausblutung der geistigen Elite.

9.2.12 Mein Einsatz im Tschad

Meine Reisen in den Tschad fanden 1976 und 1977 jeweils zwei Mal statt. Einmal unter der Regentschaft von Félix Malloum, dieser war damals der regierende Präsident und zur gleichen Zeit auch Premierminister. Auch Malloum hatte de facto über einen Putsch die Macht an sich gerissen. Ab Februar 1974 hatte sich unter Malloum Hissène Habré einen Namen durch Entführungen von französischen Geiseln gemacht und als Gegner von Francois Tombalbaye, der Libyen-affin war und ihn stark bekämpfte. Hissène Habré wurde im September 1978 zum Premierminister ernannt und war davor einer der „starken Männer" des Malloum-Regimes. Wir hatten im Tschad 16 Projekte, was Bohrungen von Brunnen, Transport von Wasser und zwei „Turn-Key-Projekte" anging. Bei jedem dieser Projekte wurde direkt oder indirekt Habré beteiligt. Im Krieg zwischen Libyen und den Truppen der Rebellen Habrés hatten Frankreich und die USA immer Habré unterstützt. Insoweit war der Aufbau einer minimalen Wasserversorgung im Tschad höchste Priorität für meine Arbeitgeber. Hauptproblem waren die uns zugewiesenen einheimischen Mitarbeiter, von denen nur eine Minderheit erfahrene Leute waren. Ein großer Teil der Mitarbeiter hatte keine Fähigkeiten mit einfachen Werkzeugen wie zum Beispiel Schaufeln umzugehen. Zudem kam eine Arbeitsmoral hinzu, die nach dem Prinzip „Heute ist noch nicht morgen" funktionierte. Diese Mitarbeiter waren weder in der Lage zeitgebundene Projekte durchzuführen noch waren sie interessiert daran und dies unabhängig von ihrem Lohn.

Ich persönlich habe noch nie in ganz Afrika so eine schlechte Arbeitsmoral wie dort gesehen. Als wir die Projekte abschlossen, war ich fest davon überzeugt, dass dies ebenfalls kein Erfolg sein würde. Es waren immerhin 870 Brunnen. Bevor wir den Tschad verließen, hatten wir eine erneute Zusammenkunft mit Habré. Er zeigte sich stolz, dass seine Leute ihre Leistung erbracht hatten, was bei meinen Kollegen lediglich Schmunzeln auslöste.

9.2.13 Mein Einsatz in Mali

1976 und 1977 war ich in Mali. Wir wurden beauftragt auch in Mali insgesamt fünf Projekte durchzuführen. Die Hälfte der Projekte sollte im Umfeld der Hauptstadt und die anderen im südlichen Mali stattfinden. Zuvor sei gesagt, dass Mali 1972, 1973 und 1974 von starken Dürren und den damit verbundenen Hungersnöten betroffen war. Daher war das Land auf internationale Hilfe angewiesen. Eins der Hauptprobleme Malis zu dieser Zeit war, dass der gesamte Staatsapparat bis zu den Ministern hin korrupt war und der größte Teil der gewährten Hilfe unterschlagen wurde. Der Putsch des Militärs gegen den damaligen Diktator Modibo Keita war erfolgreich. Moussa Traoré übernahm 1974 mit einer neuen Verfassung für die zweite Republik die Macht. Folter und Mord an Oppositionellen waren der normale Alltag.

Als wir ankamen, wollte Traoré uns unbedingt sehen. Er war in Frankreich beim Militär ausgebildet worden und hatte es dort zum Oberst gebracht.

So empfing uns auch Moussa Traoré, indem er uns von Anfang an klar machte, dass die von meinem Arbeitgeber ausgewählten Orte zur Bohrung der Brunnen nicht die richtigen seien, sondern in Orten, wo sein Stamm lebte, zu bohren wäre. Wir waren in der misslichen Lage nicht entscheiden zu können, was wir zu tun hatten. Nach einem Rückruf unseres Arbeitsgebers in der amerikanischen Botschaft erhielten wir den Auftrag, nur 50% der von Traoré gewünschten Brunnen zu bauen. Die anderen 50% sollten an den von unserer Organisation vorgesehenen Plätzen gebohrt werden. So fingen wir an, das Projekt bei den Stämmen von Traoré im Norden von Mali zu realisieren. Erstaunlicherweise gingen die Arbeiten sehr zügig voran und wurden schnell beendet. Als wir jedoch mit den Arbeiten im Süden und im Westen anfingen, funktionierte plötzlich nichts mehr. Wir verließen Mali sehr frustriert mit unfertigen Projekten. Dafür wurden wir von unserem Arbeitgeber zur Rechenschaft gezogen. Sogar in der Geschäftsführung unserer Organisation gab es eine Auseinandersetzung über unser Handeln. Zu diesem Zeitpunkt habe ich mir geschworen, nie wieder Mali zu betreten.

9.2.14 Mein Einsatz in Benin

Unser Besuch in Dahomey, heute Benin, fand 1978 statt als wir ein Projekt mit ca. 200 Brunnen sowie ein „Turn Key-Projekt" und Teile der Wasserversorgung der Hauptstadt begleiten sollten. Als ich ankam, war Mathieu Kérékou schon lange Staatspräsident. Er wurde mithilfe seiner Einheitspartei mindestens acht Mal gewählt und hatte am

Anfang seiner Herrschaft eine strenge marxistisch-leninistische Ausrichtung seines Staates im Blick. Benin sollte das afrikanische Kuba werden, was sowohl Frankreich als auch den USA sehr missfiel. Man sollte auch festhalten, dass in Kérékous Amtszeit die Umbenennung von Dahomey in Benin stattfand. Auf Druck der USA und Frankreichs und vor dem Hintergrund von Spannungen im Lande aufgrund von Nahrungs- und Versorgungs-engpässen gab Kérékou diese Richtung auf und wandte sich dem Westen zu. Im Zuge dessen führte er ein Mehrparteiensystem ein. Dabei half ihm ein ehemaliger Direktor der Weltbank, der in Benin Premierminister wurde. In dieser Zeit hat unser Einsatz begonnen. Ich habe Kérékou als widersprüchliche Persönlichkeit erlebt. Manchmal war er sehr engstirnig und am nächsten Tag sehr großzügig. Diese ständigen Wechsel der politischen Stimmung waren für uns sehr störend, weil Stetigkeit in der Projektkontrolle nicht möglich war.

Die Projekte wurden realisiert, was wir mit gutem Gewissen bestätigen konnten. Man muss darauf hinweisen, dass wir dort ständig in Angst leben mussten. Spätestens fünf Jahre nach der Abwahl von Kérékou wurden diese Projekte und jede daraus folgende Bewässerung zerstört.

9. 2.15 Mein Einsatz in Somalia

1976 und 1977 mussten wir vier Projekte in Somalia abnehmen. Somalia war zu diesem Zeitpunkt in der Richtung des so genannten wissenschaftlichen Sozialismus verortet (ein abgewandelter Sozialismus a la DDR mit populistischen Zügen). Siad Barre, der über einen Putsch 1969 Präsident von Somalia geworden war, war davon überzeugt, dass die sowjetische Richtung des Sozialismus Afrikas Zukunft sei. Unbestritten sind die teilpopulären

Reformen, die er 1977 und 1978 durchgeführt hatte. In den gleichen Jahren führte er aber den Ogadenkrieg gegen Äthiopien durch und verlor. Äthiopien war damals wie Somalia Verbündeter der Sowjetunion, allerdings wurde Somalia weniger mit sowjetischen Waffen unterstützt als Äthiopien. Deswegen wandte sich Barre den USA zu. Seine Regierung wurde dadurch korrupter, unpopulärer und repressiver. Sein Sturz 1991 war der Beginn des Zerfalls dieses Landes. Er selbst starb 1995 in Lagos (Nigeria). Als wir nach Somalia aufbrachen, hatte Barre gerade seine Politik am Westen orientiert. Nur war sein Regime leider durchzogen von „DDR-ähnlichen" Beamten, was uns das Leben bzw. die Prüfungen der Projekte sehr schwer machte. Dort lernte ich die afrikanische Methode, Misserfolge in Erfolge umzubenennen, kennen. Alle durchgezogenen Projekte dieser Zeit, wir reden von 400 Brunnen, waren von Anfang an zum Scheitern verurteilt. Ich persönlich habe Barre als einen höflichen, leisen Herrn erlebt, der in der sozialistischen Doktrin relativ gut bewandert war. Einer seiner Spitznamen, Großmaul, war ihm nicht gerecht. Fairerweise muss man ihm zugestehen, dass Dürren und allgemein die Trockenheit, vor allem im Nordosten Somalias, gewisse Erfolge des Regimes zunichtemachten. Dazu kam, dass die Folgen des verlorenen Krieges und die sowjetische Ausrichtung der Verstaatlichung noch ihren Teil zur katastrophalen Lage des Landes beitrugen. Obwohl ich Barre als Person als angenehm empfand, hatte ich eine Vorahnung, dass die Einheit dieses Landes nicht von Dauer sein konnte.

9. 2.16 Mein Einsatz in Marokko

Hassan II. von Marokko war eine maßgebliche Säule der amerikanischen Politik der 70er und 80er Jahre und wurde mit erheblichen Summen unterstützt. Außerdem war er ein Herrscher, der nach außen zwar die arabische Sache in der Auseinandersetzung mit Israel vertrat, aber er tat alles, damit den marokkanischen Juden und dem Staat Israel geholfen wurde. Seine größte Fehlleistung in den Augen neutraler Beobachter war der so genannte „West-Sahara-Konflikt" den Hassan II. 1975 mit dem grünen Marsch initiiert hat. Dabei hatten 350.000 unbewaffnete marokkanische Zivilisten die spanische Kolonie „West-Sahara" besetzt. Dies rief Wiederstand der Einheimischen unter der Polysario hervor. Der Einmarsch Hassans in diese Gebiete führte zu starken Spannungen zu Algerien und Libyen, die die Polysario mit Waffen unterstützt hatten. Dieser Konflikt ist bis heute nicht gelöst. 1989 kam es zwar zu einer „Aussöhnung" mit Algerien und Libyen unter der Vermittlung Algeriens, aber eine Vertiefung der Relationen zwischen Algerien, Libyen und Marokko fand nie statt. Zu einem weiteren Konflikt kam es mit Frankreich in der Affäre um Ben Barka. Dieser war ein Führer der linken Opposition. Er wurde in seinem Pariser Exil 1965 entführt und getötet. Dies hatte unter anderem zur Folge, dass zwei starke republikanische Putsche 1971 und 1972 nur knapp von Hassan II. überlebt wurden. Zu der Person von Hassan II. muss folgendes festgestellt werden. Er war der älteste Sohn Mohameds V., der angeblich der seit 1639 herrschenden Dynastie der Aleviten angehörte, die angeblich direkt vom Propheten Mohammed abstammen. Hassan II. hatte nach einer erstklassigen Ausbildung in Marokko ein Jura-Studium in Bordeaux mit einem Doktor-Titel abgeschlossen. Er sprach neben der französischen Sprache alle marokkanischen Dialekte. Er war ein gewiefter Taktiker und pflegte eine freundschaftliche Beziehung zu Israel.

Wir wurden beauftragt, im Rif-Gebirge bei den Berbern, die ihm nicht wohl gesonnen waren, mehrere Brunnen zu bohren und fließendes Wasser in den Dörfern herzustellen. Zudem sollte das Gebiet um Agadir noch mit besserem Wasser versorgt werden.

In einem Gebiet des Atlas, nicht weit von der algerischen Grenze entfernt, befand sich zur gleichen Zeit in einer Grotte tief im Berg ein kleiner See, der ca. 30m tief war. Ich habe noch nie in meinem Leben so ein Wasser getrunken. Es war so erfrischend, als ob das Wasser süß und gezuckert sei. Der See war von himmelblauer Farbe. Die Ursprungsidee war, diesen See anzuzapfen. Die UNESCO legte allerdings ein Veto ein und verhinderte die Zerstörung dieses Sees. Wir mussten außerhalb des Berges unsere Bohrungen durchführen, was wiederum zu Ärger mit den Dorfobersten führte.

Die Projekte wurden fristgemäß kontrolliert und die Zielerreichungsgrade der Projekte wurden freigegeben. Meine Kollegen und ich trafen insgesamt vier Mal Hassan II. Dieser lud uns sogar zu einem Essen ein. Dort erlebte ich einen sehr geistreichen Mann, witzig, sehr sicher, aber auch sehr klar in seinen Ideen und Forderungen. Er half uns und hat mit keinem Wort den arabisch-israelischen Konflikt erwähnt. Er hat sehr positiv über die amerikanische Hilfe berichtet und seinen Ärger über manch „linken" Franzosen zum Ausdruck gebracht. Ich kann nichts Negatives über diese Zusammenkünfte berichten, Historiker mögen seine Herrschaft beurteilen.

9. 2.17 Mein Einsatz in Libyen

In Libyen war ich zwischen 1974 und 1978 insgesamt fünf Mal für verschiedene kleine Projekte entlang der Küste und zwei sehr große Projekte, die mich zur libyschen Grenze zum Tschad führten. Während dieser Einsätze habe ich insgesamt drei Mal Muamar al-Gaddafi persönlich kennengelernt und mit ihm gesprochen. Sein richtiger Name war Muhammad Abdassalam Minyar al-Gaddafi. Im Februar 1974 fuhren wir über Tunesien nach Tripolis. Schon beim Grenzübergang nach Libyen fingen die Schwierigkeiten an. Der Grenzbeamte hat uns gezwungen, das grüne Buch des Herrn Gaddafi zu kaufen.

In Tripolis gab es zu der Zeit nur ein einziges Hotel sowie zwei Restaurants, die den westlichen Standards angepasst waren. Während der ersten Nacht gegen drei Uhr morgens wurden wir gezwungen, unsere Zimmer zu verlassen, da am nächsten Tag das ganze Hotel für den Volkskongress belegt war. So haben wir den Rest der Nacht auf der Treppe des Postamtes verbracht. Am nächsten Tag gegen neun Uhr wurden wir von Polizisten aufgefordert, die Stadt Tripolis zu verlassen und uns zu unseren Projekten zu begeben, da aus Sicherheitsgründen die Stadt für Gäste des Kongresses reserviert war. Unser erstes Projekt befand sich allerdings mehrere Tausend Kilometer weit weg bei Bengasi. Wir fuhren die ganze Nacht nach Bengasi. Ich hätte nicht gedacht dass die Fahrt nach Bengasi trotz gut geteerter Straßen so mühsam sein würde. Angekommen in Bengasi wurde uns eröffnet, dass Tripolis nicht das Sagen über das Land hätte. Zuerst mussten wir den Führer der dort ansässigen Stämme um Erlaubnis bitten. Zudem waren diese gleichzeitig für und gegen Gaddafi. Wir wurden von den Führern mit den Worten „Gut, dass Sie mit mir zuerst sprechen" empfangen. „Nur so können Sie mit der Clique aus Tripolis etwas regeln". Der Führer dieses Stammes war eigentlich ein Aufgeklärter und ließ uns die gesamte notwendige Hilfe zukommen. Als wir unsere Arbeit nach zwei Tagen abgeschlossen hatten, wurden wir höflichst verabschiedet und fuhren zurück nach Tripolis. Dort wurden wir vom Innenminister harsch kritisiert, dass wir nicht zuerst mit dem Obersten der Revolution oder einem seiner Vertreter gesprochen hatten. Wir entschuldigten uns und versprachen, in Zukunft immer zuerst mit Tripolis zu reden. Am nächsten Morgen wurden wir von mehreren Polizisten/Soldaten abgeholt und weit in die Wüste geführt. Nach viereinhalb Stunden Fahrt befanden wir uns in Sirte. Außerhalb der Stadt waren mehrere schwer bewaffnete Soldaten mit Panzern um ein Feld herum aufgestellt. Wir wurden mindestens zehn Mal untersucht und dann zu Gaddafi geführt. Im Zelt selbst befanden sich nur junge bewaffnete Frauen. Am Kopf des Zeltes saß der Oberst. Zu meinem Erstaunen beherrschte er neben der arabischen Sprache Italienisch, Englisch und Französisch. Was wir bis dahin wussten, war lediglich, dass er in der Luftwaffe in England ausgebildet worden war. Über eine Stunde redete er über die Vision der arabischen Welt sowie eine klassenlose Gesellschaft. Jedes Mal mit dem Hinweis auf das so genannte grüne Buch. Zudem eröffnete er uns, dass er alles daran setzen würde, um die arabische Welt zu vereinen und um den Krieg gegen den zionistischen Staat zu überstehen. Abgesehen von dieser Problematik war der Oberst zu unserem Erstaunen zuvorkommend, sehr bewandert in der europäischen Geschichte und teilweise witzig. Diese ersten Eindrücke über den Oberst haben ihr Ziel nicht verfehlt. So lobte mein Kollege anschließend den „feinen" Oberst. In den weiteren Besuchen, vor allem ab dem Jahr 1977, hat sich das Königreich in einen so genannten sozialistischen Staat, eine Mischung zwischen DDR und Nasser verwandelt. Man darf nicht vergessen, dass Ägypten Libyen im Bildungssektor und Verwaltungsaufbau sehr stark unterstützte. Gleichzeitig machte die Führung in Ägypten mit und nach Nasser (Anwar al-Sadat) keinen Hehl daraus, ihre Geringschätzung gegenüber Gaddafi zu zeigen. Und so wurde 1976 die ägyptisch-libysche Vereinbarung für gescheitert erklärt. Nicht zu vergessen ist, dass ab 1972 keine einzige andere Partei zugelassen worden ist, als die Partei ASU, die arabisch-sozialistische Union. Gaddafi hatte verstärkt Öl-Konzessionen an kleine Unternehmen verkauft, weil er stets über das libysche Öl bestimmen wollte. Nicht zu vergessen ist, dass 1973 ein Krieg mit dem Tschad wegen Korrekturen der Grenze zu Lasten des libyschen Staates geführt wurde. Obwohl Frankreich zugunsten des Tschads intervenierte und 1987 einen Waffenstillstand herbeiführte, zogen die libyschen Truppen erst 1994 ab. Die anderen Ansätze bezüglich der großen Projekte waren äußerst kompliziert, da die Zustimmung verschiedener Stämme nicht gesichert war. Unabhängig davon, dass wir im Voraus die Nicht-Machbarkeit dieser Projekte voraussagten, bestanden die amerikanische Regierung und die deutsche Regierung darauf, das Projekt zu beginnen. Wie es kommen sollte, wurde das Projekt nach unseren Einsätzen 1980 aufgegeben.

Ich kann aus den drei Begegnungen mit Gaddafi für uns und aufgrund der Gespräche, die dort geführt wurden, nur sehr bedingt Kritik an ihm üben. Dass er ein Diktator war, ist ein Faktum, man muss ihm jedoch zugestehen, dass er versuchte, alle Stämme Libyens unter einen Hut zu bringen. Dies soll jedoch nicht das Verbrechen an den Oppositionellen und Kritikern entschuldigen. Sein Prinzip, das auf Perfektion beruhte war: „Teile und herrsche!" Man darf auch in der Geschichte Libyens nicht vergessen, dass von 1969 bis 2011 mehr oder weniger Ruhe herrschte.

9.2.18 Schlussbetrachtungen

Im Nachhinein war der Vertrag mit dieser Organisation zwiespältig. Würde ich mir mit dem Wissen von heute noch einmal die gleichen Fragen stellen wie damals, würde ich den Vertrag höchstwahrscheinlich nicht noch einmal unterschreiben. Als positiv ist für diesen Zeitraum festzuhalten die erstklassige Ausbildung, das Kennenlernen der fremden Sprachen und der fremden Kulturen, die diese Organisation mir ermöglichte. Ich habe zu keinem Zeitpunkt gewusst, dass einer der bestimmenden Faktoren dieser Organisation bestimmt wurde durch die Politik der Großmächte. Diese Bewässerungsprojekte wurden nicht durchgeführt, um die Situation der Bauern, Landwirte und kleinen Städte zu verbessern, sondern aus einfachsten machtpolitischen Gründen. Manche Projekte waren bereits gescheitert, bevor sie anfingen. Von den 300 Projekten, die meine Kollegen und ich geprüft haben, hat nicht ein einziges mehr als fünf Jahre überlebt. Die kumulierte Gesamtaufwendung für diese Projekte liegt im zweistelligen Milliarden Dollar Bereich. Angesichts der heutigen Versorgung großer Teile Afrikas mit Waser und Trinkwasser war die damalige Situation erheblich besser als heute. Wer sich mit Wasserversorgung von anderen Ländern befasst, der macht diese Probleme zu einem Teil seiner Person. Bis heute kann ich diese nicht vergessen. Ein alter, afrikanischer Weise hat mir gesagt, dass Wissen um die Gewinnung und Verteilung von Wasser ein Fluch sei. Es würde mich den Rest meines Lebens nicht mehr in Ruhe lassen.

Sehr positiv war die Erfahrung, die ich direkt mit der Bevölkerung und den Weisen dieses Kontinents gemacht habe. Ich muss feststellen, dass ich sowohl menschlich als auch geistig riesige Schritte aus dieser Erfahrung machen konnte. Dies hat mein Leben als „Weißer Mann" geprägt. Ich war nicht mehr bereit, manche künstliche Erscheinung hinzunehmen.

Ich habe in den fünf Jahren 84 Länder bereist und an dieser Stelle nur einen Teil der Erlebnisse widergegeben.

9.3 Leitung einer Stahl- und Maschinen-baufirma

Nach meinem Einsatz in den Entwicklungsländern habe ich mindestens ein Vierteljahr gebraucht, um mich wieder an die hiesigen Verhältnisse zu gewöhnen. Ich konnte eine Zeit lang nichts mit den Banalitäten des Lebens in einem reichen Land anfangen. Ich hatte weder Verständnis für die möglicherweise berechtigten Probleme meiner Mitmenschen, noch für den „Konsumwahn" (zumindest dachte ich damals so), der hier herrschte.

Ich musste beruflich aber etwas tun: ich beschloss ein Stahl- und Maschinenbauunternehmen zu kaufen, was ich gemeinsam mit einem Partner tat. Und so wurde ich plötzlich zum Arbeitgeber von 60 Mitarbeitern. Nach der Arbeit wurde mir untersagt als Ausländer trotz meiner Diplome die Geschäftsleitung des Unternehmens zu übernehmen (die IHK meinte, dass Volkswirte keine Betriebswirte seien und dass aus diesem Grund die Kompetenz fehlte und ich noch einmal nachstudieren sollte, was ich ablehnte). So wurde meine jetzige Frau zur Geschäftsführerin. Und schon wieder wurde ich von dem Land enttäuscht. Während dieser Zeit machte ich meine Erfahrung mit der realen Arbeitswelt in Deutschland, die Auseinandersetzungen mit dem Betriebsrat, Probleme der Produktforschung - und -entwicklung, die Auseinander-setzungen bei Ausschreibungen (der Betrieb hat hin und wieder für die NATO gearbeitet). Nach drei Jahren erkannte ich schmerzhaft, dass dies nicht der Sinn meines Lebens war. Und so verkaufte ich den Betrieb an einen dritten Unternehmer. Da der Erlös aus dem Verkauf des Betriebes nicht alle Verpflichtungen mit den Banken deckte, musste ich mich mit Banken auseinandersetzen. Dies tat ich problemlos (mir kam zu Gute die Erfahrung, die ich bei der internationalen Organisation gemacht hatte). Während dieser Jahre lernte ich die Niedertracht mancher „Arbeiter" kennen. Nicht nur gegen meine Person, sondern auch gegen meine Frau und untereinander („Petzerei"). Zudem lernte ich das wahre Gesicht der Gewerkschaften kennen, die mit gespaltener Zunge agierten. Zudem lernte ich die materielle, aber vor allem die geistige Schere zwischen der so genannten Arbeiterklasse inklusive Angestellter und Führungskräften kennen. Ich muss ehrlich sagen, dass dies mich anwiderte. Und ich fühlte mich von Tag zu Tag fremder in dieser Umgebung. Rückblickend, hätte ich noch einmal die Wahl gehabt, den Betrieb zu kaufen, hätte ich es nicht gemacht.

9.4 Mitarbeit bei einem internationalen Beratungsunternehmen

9.4.1 Vorbemerkung

Kurz vor dem endgültigen Verkauf des Unternehmens wurde ich von einem sehr bekannten, internationalen Beratungsunternehmen in der Schweiz angeworben. Man wurde auf mich aufmerksam über Berichte dieser internationalen Organisation, die über mich gutes Zeugnis abgelegt hatte. Dieses Unternehmen war spezialisiert auf die Rationalisierung und Optimierung sowie Umgestaltung von Großunternehmen wie Banken und internationalen Organisationen. Ein weiterer Standpunkt dieses Unternehmen war die Einführung von IT-Infrastruktur in Unternehmen.

In folgenden Projekten habe ich relativ stark mitgewirkt.

9.4.2 Optimierung und Umgestaltung der Uhrenindustrie in der Schweiz

Zu diesem Zeitpunkt war die gesamte Schweizer Uhrenindustrie in einem relativ schlechten Zustand, denn die japanischen Uhren hatten ihr aufgrund neuer Produktions- und Gestaltungsmöglichkeiten den Rang abgelaufen. Zusätzlich erschwerend für die Schweizer Uhrenindustrie war der relativ hohe Lohnanteil. So haben wir von der Marke OMEGA über ROLEX bis MIDO eine Optimierung der Werke (das Innenleben einer Uhr) der Uhren vorgenommen. Um die Wettbewerbsfähigkeit zu erhöhen wurden die Teile dieser Werke zusammengelegt in ein einziges Werk, so dass nur ein Drittel der jeweiligen Uhr in der ursprünglichen Fertigung stattfand. Ein Drittel der Mitarbeiter wurde umgeschult, es gab keine betriebsbedingten Entlassungen, der Service wurde rationalisiert und optimiert und weltweit umgestaltet, sodass die „traditionelle Uhrenindustrie" der Schweiz bei normalen Geschäften wieder Gewinne erzielen konnte. Zusätzlich zu dieser Aufgabe hatte das Team die Konzeption und Umsetzung einer neuen Art von Uhr (Swatch) nach dem Prinzip des Baukastensystems entwickelt. Nach anfänglichen Schwierigkeiten wurde diese zum Welterfolg. Nachdem wir dieses Projekt erfolgreich abgeschlossen hatten, wurden wir beauftragt, nach dem Swatch-Prinzip ein kleines Auto zu entwerfen. Und so ist analog dem Baukastensystem für die Swatch der Smart konzipiert worden, der eigentlich bei VW hätte gebaut werden sollen.

9.4.3 Rationalisierung der europäischen Stahlindustrie

Der nächste Großauftrag bestand darin, die gesamte Stahlindustrie in Europa, die zu diesem Zeitpunkt sehr kränkelte, zu optimieren und Überkapazitäten abzubauen. Dies betraf folgende Länder:

- Frankreich
- Luxemburg
- Belgien
- Deutschland

Ich persönlich war für den Bereich „Luxemburg und Deutschland" tätig und dort wurden folgende Firmen unterstützt:

- die Hütten im Saarland
- Hoesch im Ruhrgebiet
- Krupp im Ruhrgebiet
- Salzgitter

Die Optimierung der Prozesse, die Verkleinerung der Produktpalette für wertvollen Stahl sowie die Optimierung der Kapazitäten am Bau war äußerst mühsam, da diese Aufgabe durch Einflussnahme von Sozialpartnern und durch falsche politische Entscheidungen erschwert wurde.

Wir haben trotz dieser Schwierigkeiten und Unwägbarkeiten nach drei Jahren ein „akzeptables" Ergebnis erzielt. Ich habe in dieser Zeit erneut die reale Welt der Arbeiter kennen gelernt. Anders als in meinem Unternehmen habe ich gemerkt, was es bedeutet Angst um den Arbeitsplatz zu haben. Denn dies betraf alle Arbeitsebenen, inklusive der Vorstände. Ich habe dort außerdem erlebt, wie sehr häufig Stress, Alkohol und Psychopharmaka eine Rolle im Leben des „neuen Management" spielten.

9.4.4 Traktorenwerke KHD

Die Traktorenwerke in Köln waren eines der größten Traditionsunternehmen, die diese Sparte hier hatte. Wie bei jeder Tradition hatten sich mit der Zeit Vorstandsfehler, Planungsfehler, sinkende Arbeitsmoral, nicht mehr zeitgemäße Produktionsabläufe, fehlgeleitete Investitionen, nicht mehr aktuelle Vertriebsmethoden eingeschlichen. Wir haben das ganze Werk von Grund auf umgestaltet und erzielten nach nur zwei Jahren einen realen Beginn der Genesung. Das Fatale war, dass anschließend dieses Werk an eine ausländische Gruppe verkauft worden ist.

Ein anderes Projekt stellte die Optimierung und Umgestaltung bei einem großen Anlagenbauer in Krefeld/Oberhausen dar.

Dieses Unternehmen war eines der namhaftesten der Welt. Es besaß Spitzentechnologie für EVU und sonstige Großanlagen. Das Wissen der Ingenieure war weltweit geschätzt. Das Problem war nicht das fehlende Know-how, sondern die Produktionsabläufe und die Durchführung von Projekten. Wir haben das Unternehmen von Grund auf umgestaltet, ein professionelles Projekt-Management eingeführt und einen Teil der Führungskräfte ausgewechselt. Mein Kollege und ich wurden in diesem Projekt mindestens drei Mal vom Aufsichtsratschef insoweit missbraucht, indem er Vorstandsmitglieder sofort entließ mit der Begründung, wir hätten dies empfohlen. Dies konnte aber nicht der Fall sein, da wir zu diesem Zeitpunkt Teile des Unternehmens noch nicht untersucht hatten, geschweige denn mit den Betroffenen gesprochen hatten. Wir haben bei einem Meilenstein der Umgestaltung unseren Vertrag beim Aufsichtsrat gekündigt, denn wir waren nicht sicher, ob der Chef des Aufsichtsrats reelle oder politische Ziele verfolgte.

9.4.5 Begutachtung des deutschen Rentensystems

Nachdem wir dieses Projekt abgeschlossen hatten, wurden wir von der Bundesregierung gebeten ein Gutachten über die Rentenentwicklung zu schreiben. Dies war uns äußerst unangenehm, denn der Arbeitsminister hatte schon, ohne zu wissen, wie der Zustand der Rentenversicherung war, in Wahlkämpfen behauptet, die Renten seien sicher. Dieses Projekt stand von Anfang an unter erheblichem Zeitdruck. Binnen sechs Wochen mussten Ergebnisse geliefert werden. Wir haben dieses auch geliefert. Danach sah es so aus, dass das Rentenversicherungs-Niveau erheblich sinken würde und dass eine dringende bevölkerungspolitische Maßnahme notwendig sei. Zudem haben wir vorgeschlagen, dass die gesamte Bevölkerung Deutschlands gezwungen sein sollte, einen Beitrag in die Rentenversicherung einzuzahlen, um eine gewisse Beruhigung der Reduzierung des Rentenniveaus zu erreichen.

Ich muss feststellen, dass die damaligen Empfehlungen noch heute, mehr denn je, ihre Gültigkeit haben, da bis heute keine ernsthafte Rentenreform durchgeführt wurde.

9.4.5 Projekt Digitalfunk

Zur Rettung des Projekts Digital Mobil D1. Auf Bitten des damaligen Ministers wurden wir beauftragt, die Rettung des Projektes (was heute der Mobilfunk der deutschen Telekom ist) zu betreuen. Als wir dieses Projekt sahen, waren wir sehr pessimistisch, ob das Projekt in der vorgefundenen Konstellation, überhaupt eine Chance hatte, erfolgreich abgeschlossen zu werden. So haben wir beschlossen, das gesamte Projekt neu aufzusetzen und kontinuierlich mit professionellen Kontrollern zu begleiten. Diese Kontroller waren befugt die jeweiligen

Teilprojektleiter jeder Zeit zu entlassen. Zudem wurde gegen den starken Widerstand der externen Firmen der Einkauf neu ausgerichtet. Außerdem wurde eine wöchentliche Qualitätssicherung auf allen Ebenen des Projektes bis hin zum Minister ins Leben gerufen.

Alle Lieferanten wurden angehalten, einen großen Beitrag endgeldlos zu leisten. So wurden nach zwei Jahren erste Erfolge sichtbar und das D1-Netz ins Leben gerufen. Jetzt ging es darum, die verschachtelte Organisation in dem Ministerium für Post und Telekommunikation zu entzerren und daraus privat organisierte Unternehmen auszugliedern. Und so wurden aus diesem Ministerium zuerst die Post und dann die Telekom in zwei größeren Einheiten gebildet und in Aktiengesellschaften umgewandelt, die zuerst zu 100% dem Bund gehörten. Bei der Post mussten wir wieder den Bereich des Postschecks in eine selbstständige Organisation umwandeln, die zuerst eine 100%-Tochter der Post war.

Nach Beendigung dieses Projektes wurde ich wieder bei einer europäischen Organisation angeworben und fing dort an zu arbeiten.

9.4.6 Projekte in der Öffentlichen Verwaltung

Bei einem deutschen Beratungsunternehmen war ich Projektleiter für mehrere Vorhaben zur Optimierung von Arbeitsabläufen und zur Einführung von Informationstechnologie.

9.5 Einstieg bei einer internationalen Organisation

Zum Einsatz bei dieser europäischen Organisation darf ich mich nicht oder noch nicht äußern. Dies verbietet mir meine Verschwiegenheitsverpflichtung.

10. Die Entscheidung eine Deutsche zu heiraten

10.1 Die Gründe

Im Jahr 1974, kurz nach meiner Übernahme der beruflichen Tätigkeit bei der internationalen Organisation, und nach der Erfahrung, die ich beim Begräbnis meines Vaters erleben musste, war ich trotz meiner Gefühle zu Huguette fest entschlossen sie nie zu heiraten. Da ich während dieser Zeit meine jetzige Frau kennengelernt hatte und relativ verliebt war, beschloss ich das Risiko eine Nicht-Französin und Deutsche zu heiraten. Wohlwissend, dass ich mich damit zwischen alle Stühle setzen würde. Nächtelang habe ich alle möglichen Alternativen durchgespielt. Was würden meine Freunde sagen? Würden sie wirklich ihre Verbindung zu mir abbrechen? Was würden die Einwohner der Straße sagen? Was würden meine Studienkollegen in Frankreich dazu sagen? Wie würde der Rest der Familie (mütterlicherseits) agieren? Was würde mein Cousin in Harvard dazu sagen? Was würden die Eltern meiner zukünftigen Frau dazu sagen? Würden sie mich überhaupt als Ausländer annehmen? Wie stark würde meine Frau darunter leiden? Wie würden die Behörden darauf reagieren, seien es die deutschen oder die französischen? Was würde es für zukünftige Kinder bedeuten? Würden sie deutsch oder französisch erzogen werden? Müsste ich auf Dauer in Deutschland bleiben? Müsste ich einen Teil meiner Kultur ablegen? Wie groß wäre der Verlust an meiner „Urperson"? Alle diese Fragen quälten mich während der ganzen Zeit. Auch bei meinen Einsätzen im Ausland über Monate hinweg schlief ich nur noch wenige Stunden pro Nacht. Zudem quälte mich mein schlechtes Gewissen gegenüber Huguette und CDN.

Irgendwie beschloss ich gegen Ende 1974 nicht mehr an diese Fragen zu denken und verdrängte die Fragen und deren Antworten und beschloss für mich nur noch das Positive in der Zukunft zu sehen. Nach dem Prinzip „Irgendwie wird es doch gehen".

Parallel zu den Fragen spielte ich in meinem Kopf Vorurteile durch, die ich aus dem Süden indoktriniert bekommen hatte. Dass die Frauen des Nordens und insbesondere Deutsche und Schwedinnen sich nicht für eine Ehe mit einem Mann des Mittelmeers eigneten. So seien die Frauen des Nordens beispielsweise zu selbstständig und würden damit indirekt das Selbstwertgefühl der Männer missachten. Zudem seien sie im größten Teil miserable Köchinnen und als Mütter nur bedingt geeignet. Im Nachhinein schmunzele ich über diese Vorurteile, dabei sind sie heute noch sehr virulent. Diese Zeichen einer „Macho-Gesellschaft" haben leider in den letzten Jahren eher verstärkt als abgenommen. Nur dass im Gegensatz zu den vergangenen Zeiten die Frauen heute das Einkommen mit sichern müssen. Anders gesagt, die Anforderung an die heutige Frau ist aus Sicht großer Bevölkerungsteile aus dem Mittelmeerraum stark gestiegen: die Frau aus dem Mittelmeerraum solle hübscher sein als die Blondinen aus dem Norden, besser ausgebildet als die Frau aus dem Norden, klüger als die Frau aus dem Norden, eine bessere Mutter als die Frau aus dem Norden, stets ihrem Mann dienen und vor allem eine bessere Geliebte sein als die Frau aus dem Norden. Als Mädchen aus dem Norden galten zur damaligen Zeit alle Personen, die oberhalb der Stadtlinie von Lyon lebten. Der Ausbruch aus diesen Vorurteilen fiel mir ehrlicherweise nicht leicht und verschärfte den Zwang einen Vergleich vorzunehmen.

10.2 Was verbindet mich mit meiner Frau?

Dem gegenüber stand die Frage: **Was verbindet dich mit dieser Frau?** Und somit: **Was verbindet dich mit diesem Volk?** Eigentlich waren die Unbekümmertheit meiner Frau, das Lächeln in ihren Augen, der Wunsch zum Leben jetzt und heute oder das Gefühl, sie nicht vermissen zu wollen, das heißt, dass die Welt um mich herum wie eine Traumwelt war, wenn sie nicht anwesend war, Grund für die Verwirrung meiner Gefühle. Zwischen Ängsten, die aus meinem Verstand erwuchsen und einer gewissen Voreingenommenheit und Gefühlswallungen war ich eine Zeit lang unfähig eine Entscheidung zu treffen. Ich hatte zu diesem Zeitpunkt fast jede Nacht Alpträume, in denen, sei es Huguette, CDN oder meine jetzige Frau in abwechselnden Stimmungen im Traum erschienen. Ich konnte mit niemandem darüber reden und versuchte, eine rationale Entscheidung herbeizuführen.

Erstaunlicherweise kam die Entscheidung nicht rational zustande, sondern ich traf eine Gefühlsentscheidung: ich war sehr erleichtert, nachdem die Entscheidung getroffen war. Mir war klar, dass mit dieser Entscheidung die Aufgabe eines Teils meiner Person verbunden sein würde. Das war der Preis, den ich zu zahlen hatte, versuchte ich mich zu trösten. Ich habe ab dieser Zeit versucht, bei jeder Entscheidung nicht nach dem Preis zu fragen, den ich dafür zahlen müsste. Denn der Preis für verschiedene Entscheidungen war einfach zu schmerzhaft.

Ich habe niemals mit der Heftigkeit der Reaktion verschiedener Seiten in dieser Sache gerechnet.

10.3 Die familiären Konsequenzen

Nachdem ich mich entschieden hatte, meine jetzige Frau zu heiraten, rief ich als erstes in Frankreich bei meinem Freund Claude-Hassan an. Er hörte sich die ganze Geschichte an und meinte trocken: „Du weißt, dass du dein ganzes Ich aufgeben wirst." Auf meine Antwort, dass ich bis jetzt ohnehin wenig für die französische Gesellschaft geleistet hätte, meinte er: „Du vergisst, dass du zukünftig hier viel zu leisten hättest." Als ich meine Frau vor ihm lobte, meinte er erstaunt: „Und das gibt es bei den Deutschen?" Darauf sagte ich ihm dass die Deutschen eigentlich ähnlich wie wir seien. Daraufhin meinte er: „Die zeigen doch nie ein Gefühl." Zum Schluss sagte er mir, wenn dies mein Wille sei, sollte ich meine Entscheidung durchziehen, egal, wie hoch der Preis sei. Ich rief daraufhin meine Tanten mütterlicherseits an. Sie meinten trocken: „Für die Familie bist du verloren." Ich rief bei unserem Priester in Südfrankreich an. Er meinte nur: „Mein Sohn, weißt du, was du da tust?" Ich rief einen weiteren Freund von mir, Jean-Haddad, an und er meinte, die ganze Straße würde meine Entscheidung ablehnen. Ich sollte lieber meine Beziehung abbrechen. Ich war stark verunsichert und rief Monsieur Antoine von der Straße an. Er war der Philosoph, sogar Professor der Philosophie, ein älterer Herr Mitte 70. Er unterhielt sich sehr lange mit mir und gab mir den Rat doch meinem Gefühlsleben zu folgen, auch wenn der Preis äußerst schmerzhaft werden würde. Die Nachricht, dass ich eine Deutsche heiraten würde, verbreitete sich in Frankreich wie ein Lauffeuer. Über mich wurde gerichtet mit dem Ergebnis, dass ich mein Land, die Straße und meine Familie entehrt hatte. Meine französischen Bekannten beschlossen, dass keiner mehr etwas mit mir zu tun haben sollte. Und ich glaube, dass zu diesem Zeitpunkt alle gespürt hatten, dass mit meiner kurzfristigen Rückkehr nicht mehr zu rechnen war.

Wie die Ironie des Schicksals es wollte, hatte meine Frau sehr darunter zu leiden, dass sie sich mit einem Ausländer eingelassen hatte.

Und so heirateten wir mit wenigen deutschen Freunden, die uns geblieben waren. Die Feier war sehr intim, weil der Kreis der Personen so überschaubar war. Ob ich das noch einmal machen würde? Ich würde mit einem uneingeschränkten Ja antworten, auch wenn ich den Schritt manchmal bereut habe.

11. Die Entscheidung für die deutsche Staatsbürgerschaft

11.1. Die Gründe

Nach mehreren Jahren stand ich vor der Frage die deutsche Staatsbürgerschaft zu beantragen und anzunehmen. Für mich war die Frage die Staatsbürgerschaft zu beantragen nicht eine Frage des bequemen Lebens, sondern die Überzeugung ein Teil dieser Gesellschaft werden zu können, sowohl im Guten als auch im Schlechten. Ich musste mir darüber jedoch auf drei verschiedenen Eben klarwerden:

Zum einen die kulturelle Identität: Als ich mich zum ersten Mal mit der Frage der deutschen Staatsbürgerschaft auseinandersetzte, schoss bei mir der Gedanke des Verlusts der Sprache durch den Kopf. Verbunden damit ein mögliches Verleugnen von Rabelais, Montaigne, Moliere, Corneille, Racine, Descartes, Voltaire, Rousseau, Montesquieu, Chateaubriand, La Martine, Victor Hugo, Emil Zola, Verlaine, Diderot, Marivaux, George Sand, Stendhal, Balzac, Auguste Comte, Rimbaud. Meine Angst, diese Prägungen zu verlieren, war sehr groß. Ich wusste sie nicht zu ersetzen und klammerte mich an die Aussage, Deutschland sei ein Land der Dichter und Denker. Die Denker, die mir damals geläufig waren, waren Leibniz, Kant, Nietzsche, Marx und Engels (die mir bereits aus Frankreich bekannt waren), Goethe, Schiller. Vor allem Heine hat mich für die deutsche Literatur geprägt. Heine war und ist in Frankreich ein positiver Vertreter des kritischen Denkens. Sein berühmter Satz „Denk ich an Deutschland in der Nacht, bin ich um den Schlaf gebracht" wurde mehrfach in Französisch übersetzt.

Ich wunderte mich, dass die Aussage, Deutschland sei ein Land der Dichter und Denker im Vergleich zu Frankreich eine kleinere Anzahl von Personen einschloss. Ich wollte nicht an Heidegger denken, denn mein Großvater mütterlicherseits hatte an ihm nichts Gutes gelassen. Ich versuchte mich davon zu überzeugen, dass die Philosophen des 20. Jahrhunderts in Deutschland eine größere Rolle spielen würden, als die des 19. Jahrhunderts. Zudem war ich überzeugt, dass ich niemals die deutsche Sprache so beherrschen würde, wie die französische, was bei mir Abwehrreaktionen hervorrief. Ich versuchte, eine Rechtfertigung zu finden, indem ich Wissenschaftler wie Einstein und Erfinder und Industrielle wie Otto Hahn, Daimler, Krupp und Baron Thyssen zu den herausragenden Figuren der deutschen Geschichte machte.

Als ich mich aber noch gründlicher mit der deutschen Staatbürgerschaft befasste, habe ich mich gründlich mit der deutschen Geschichte vor Bismarck befasst. Dabei entdeckte ich, dass mit dem Hambacher Fest 1832 ein sehr leichter Zugang für mich möglich war und eigentlich entdeckte ich, dass dies der reale Stolz der Deutschen sein sollte, auch wenn die regionalen Revolutionen von 1848, sei es in Baden oder Rheinland-Pfalz gescheitert sind. Das Hambacher Fest sowie die daraus resultierenden Revolutionen waren für mich etwas Bekanntes aus Frankreich und stellten sich mir somit sehr positiv dar. Deutschland war als Zusammenschluss von mehreren Fürstentümern und Grafschaften sehr positiv dargestellt (auch in Frankreich). Das jähe Ende der Fürstentümer und Grafschaften durch die „Verpreußung" in einen nationalen Staat durch Bismarcks und den Kaiser waren für mich ein Horror. Ich beschloss daher, die Figur und das Tun Bismarcks sehr genau zu analysieren. Ich muss zugeben, dass Bismarck in Frankreich sehr negativ dargestellt und das eigentlich Bismarck und die Gründung des

Nationalstaats „a la Preußen" als Ursache für das Aufkommen Hitlers angesehen wurden. Ich musste zu meiner Überraschung gleichzeitig entdecken, dass Frankreich ebenfalls eine Bismarck-ähnliche Figur (Georges Clemenceau) hatte, die wiederum von der gesamten Bevölkerung bis heute sehr positiv betrachtet wird, weil er den Ersten Weltkrieg gewann. Ich habe mir die Mühe gemacht die Memoiren von Bismarck zu lesen und diese mit verschiedenen Biographien zu vergleichen. Ich musste feststellen, dass Bismarck sich stets als Opfer sah, obwohl er nach Meinung vieler ein Täter war. Erstaunlicherweise, liest man die Memoiren von Clemenceau, lassen sich gewisse Parallelitäten zu Bismarck nicht verleugnen.

Weitere deutsche Persönlichkeiten der Geschichte haben mich stark beeinflusst, vor allem die vier deutschen Friedensnobelpreisträger: Gustav Stresemann, der gemeinsam mit Aristide Briand 1926 den Friedensnobelpreis wegen des Abschlusses der Locarno Verträge und des Beitritt Deutschlands in den Völkerbund erhalten hatte - und der in Deutschland nicht angemessen gewürdigt wird. Man vergisst, dass in den Locarno Verträgen die Befriedung von Schlesien erreicht wurde, das unter die Verwaltung des Völkerbundes kam. Ludwig Quidde - der zu Unrecht vergessene - der den Friedensnobelpreis 1927 erhielt und der von 1914 bis 1929 Vorsitzender der deutschen Friedensgesellschaft war und der trotz Anfeindungen von Militärcorps und rechter Presse immer für den Frieden eintrat. Oder Carl von Ossietzky, der den Friedensnobelpreis 1936 erhielt, als er schon 3 Jahre im KZ saß. Der Mut dieses Mannes sich kritisch in seiner Zeitschrift „Die Weltbühne" für den Frieden einzusetzen, hat mich stark beeindruckt. Der Kniefall von Willy Brandt in Warschau, der offen gegen Hitler und den Nazismus gekämpft hatte und in seinem

Land beschimpft, bespuckt und als Landesverräter diffamiert wurde, weil er einen Frieden mit Polen und dem gesamten Ostblock anstrebte. Die von ihm als Vision geführte Politik hat letztendlich zur Wiedervereinigung unseres Landes geführt. Der Friedensnobelpreis von 1972 war für mich als sein Bewunderer die verdiente Auszeichnung.

Diese oben genannten Ausführungen und meine Auseinandersetzung mit dieser Historie haben einen starken Einfluss auf meine Entscheidung genommen, Deutscher zu werden.

Für mich war entscheidend zu verstehen, was Deutsch werden und Deutsch sein bedeutet

Was musste ich in diese Gesellschaft einbringen, damit ich ein Teil davon werden könnte?

Ich muss ehrlich sagen, dass diese Frage mich bis heute beschäftigt. Ich fand für mich eine Zwischenlösung, indem ich versuchte stets durch mein Tun nach meinen Möglichkeiten etwas Materielles oder Immaterielles für diese Gesellschaft zu leisten. Die weitere Frage, die mich viel intensiver beschäftigte, war die Frage, was es heißt, Deutsch zu sein. Welche Symbole spielen für das Deutsch-Sein eine Rolle? In Frankreich war das einfach: ich brauchte mich nur auf die so genannten Werte der Revolution zu stützen. Auch wenn diese teilweise auf einer Lebenslüge beruhten. Bedenkt man, dass der französische Freiheitsgedanke auf dem amerikanischen Freiheitskampf beruht, dieser wiederum den Begriff der Freiheit nur auf einen Teil der Gesellschaft bezog (da parallel zu der Freiheitsbewegung noch Sklaven in den USA gehalten wurden), dann sind diese Werte der Freiheit, Gleichheit, Brüderlichkeit relativ. Auch wenn in Frankreich mit der Revolution die Sklaverei abgeschafft wurde, hat Napoleon diese wieder eingeführt, und viel später erst wurde sie wieder abgeschafft.

Sauberkeit, Fleiß und Pünktlichkeit mögen an sich vielleicht gewisse Werte sein, können aber kein Symbol für eine ganze Gesellschaft darstellen. Eine gute Verfassung, wie das Grundgesetz, kann die Symbole für eine Nation nicht ersetzen. Allein negative Symbole (die zwölf Jahre des NS) können und sollen nicht die Symbole Deutschlands sein, auch wenn man an die daraus gezogene Lehre stets erinnert werden soll (dies sage ich auch als jemand, der seinen Onkel im KZ verlor). Ich habe lange nach einem solch passenden Symbol gesucht und habe für mich entschieden, dass das deutsche Symbol für mich das Hambacher Fest selbst ist. Hätte ich die Möglichkeit unsere Nationalhymne umzuschreiben, so sollte dieses Lied „Die Gedanken sind frei" sein.

Ich entschloss mich als deutscher Bürger stolz zu sein auf diese Nation, gerade wegen dieser Versuche, eine vernünftige Demokratie und Freiheit zu etablieren. Entgegen vielen meiner neuen Landsleute habe ich ein relativ gestörtes Verhältnis zu Preußen, insbesondere zu Bismarck. Deutschland hat mir ermöglicht viel zu lernen, insbesondere in den Geisteswissenschaften, in der Ökonomie und der Soziologie. Es hat mir ermöglicht, ein gewisses „Glück" zu erarbeiten und deswegen verfasse ich meine Bekenntnisse zu diesem Land im Bewusstsein über die Höhen und Tiefen seiner Geschichte und die guten und schlechten Tage. Mich zu diesem Land zu bekennen, heißt nicht, dass mein kritischer Verstand ihm gegenüber ausgeschaltet ist.

11.2 Die familiären Konsequenzen

Als ich mich entschied die deutsche Staatsbürgerschaft anzunehmen, wusste ich nicht, wie ich dies meiner Familie beibringen sollte. Ich rief einen meiner letzten Getreuen an, der immer noch zu mir stand. Ich war zu diesem Zeitpunkt bereits mit meiner Frau verheiratet. Ich fragte Alain, was er machen würde, wenn er mit einer Ausländerin verheiratet wäre und einen Schutz für mögliche Kinder suchen würde. Alain antwortete: es gibt zwei Möglichkeiten. Entweder, man nimmt seine Frau und geht nach Hause und das wäre kein Problem, da die Frau automatisch die Staatsangehörigkeit des Ehemanns annehmen würde, oder man bliebe im Ausland und nähme die dortige Staatsangehörigkeit an. Dies hätte zum Ergebnis, dass man mit seinem Geburtsland total brechen müsste. In Deinem Fall hast Du so viel kaputt gemacht, indem Du Dich entschieden hattest nach Deutschland zu gehen, dass Du logischerweise mit Deinem Geburtsland abbrechen solltest. Außerdem vermeidest Du das Problem, dass Du in Deinem Geburtsland niemals Ruhe vor Huguette haben würdest. Ich antwortete ihm, ich könnte nicht die Verbindung zu meinen Freunden, zu meiner Straße und zu meiner Restfamilie abbrechen. Er antwortete „Du enttäuscht mich aber. Was hast Du eigentlich im Institut gelernt? Man hat Dich dort darauf vorbereitet, sehr schnell schmerzhafte Entscheidungen zu treffen, ohne zu jammern. Also sei Manns genug und erinnere Dich wenigstens an diese Erziehung."

Dieses Gespräch schien mir zu einseitig und ich rief einen meiner Lieblingslehrer aus dem Institut, Prof. Dr. Lemaire an. Er war immerhin einer meiner maßgebenden Mentoren gewesen. Er sagte mir: „Schau, ich habe alle Deine Entscheidungen unterstützt. Selbst die, nach Deutschland zu gehen. Obwohl ich eine reale Angst hatte, dass Du dort nie wirst Fuß fassen können. Ich bin stolz auf Dich, was Du dort erreicht hast. Die Übernahme einer Staatsbürgerschaft heißt aber nicht, nur einen Pass zu beantragen und gewisse Verwaltungsvereinfachungen zu erhalten. Dies tun auch bei uns manche „Fremdarbeiter". In Deinem Fall bedeutet es jedoch, die deutsche Kultur anzunehmen, und zwar im Guten wie im Bösen. D.h. auch eine gewisse Verantwortung für das Dritte Reich zu tragen, obwohl Du möglicherweise im KZ gelandet wärst, wenn Du damals in Deutschland gelebt hättest. Die heutige deutsche Mentalität ist nicht die aufgeklärte Mentalität des 19. Jahrhunderts oder die Mentalität der Jahre Null nach dem 2. Weltkrieg. Der größte Fehler der Siegermächte war und ist, der deutschen Bevölkerung die Seele zu nehmen. Hast Du Dir die Frage gestellt, was es heißt, deutsch zu sein? Wie würdest Du reagieren, wenn nochmal eine kriegerische Auseinandersetzung zwischen Deutschland und Frankreich entsteht? Wie wirst Du in einem Zielkonflikt zwischen Deiner neuen und Deiner alten Heimat entscheiden? Welche Kultur willst Du Deinen Kindern geben? Wie frankophon ist Deine Frau, wie frankophon sind ihre Familie und ihre Geschwister? Wirst Du jemals die deutsche Sprache beherrschen und willst Du diese beherrschen? Wie willst Du Deine Mittelmeer Mentalität dort ausleben? Zudem, Du wirst Dich daran erinnern, dass wir die Köhler Theorie über die Psychologie der Form (Verhalten und Verpackung) gründlich durchgearbeitet haben. Dieser verhaltenstheoretische Ansatz spielt aber in Deutschland eine prägende Rolle. Wenn Du alle diese Fragen beantwortet hast und bereit bist, den Preis zu zahlen, dann tu es."

Das Gespräch mit Prof. Dr. Lemaire hat mich sehr bewegt und mehrere Nächte lang den Schlaf genommen. Ich malte mir mehrere Szenarien mit ihren jeweiligen Konsequenzen aus. Ich malte mir selbst das Szenario eines neuen Krieges zwischen Deutschland und Frankreich aus.

Ich rief meinen Cousin an, der in Amerika war und kraft Gesetz Amerikaner geworden war. Und fragte ihn nach seinem Rat. Seine Antwort kam relativ schnell und klar: „Mach Dir nicht so viele Gedanken, tu es. Ein Risiko besteht immer. Das Leben selbst ist ein Risiko und wenn es schief gehen sollte, hast Du immer noch die Möglichkeit, wieder Franzose zu werden. Außerdem muss Dein Geburtsland Dich erst einmal aus Deiner jetzigen Staatsangehörigkeit entlassen."

Bei mir haben die Amerikaner auch einen ablehnenden Bescheid erhalten. Die Amerikaner mussten dies zur Kenntnis nehmen, da ich keine Möglichkeit habe, mich selbst aus der französischen Staatsangehörigkeit zu entlassen.

Michou, vergiss nicht Deinen kritischen Verstand, denn das ist das Beste, was Du Deiner neuen Umgebung einbringen würdest. Du musst nicht aus Gefälligkeit stets in ihrem Strom schwimmen, auch wenn dies mit Problemen verbunden sein wird. Aber so wie ich Dich kenne, wirst Du das sowieso nicht machen."

Nach diesem Gespräch habe ich meine Entscheidung getroffen. Es ging nun darum, wie ich den Rest der Familie informiere. Dies ging sehr schnell und kurz. Ich rief jeden Einzelnen an und teilte mit, dass ich die deutsche Staatsangehörigkeit beantragt hatte. Die Reaktionen waren zwar verheerend und so musste ich mit den Rest der Familie abrupt brechen. Das tat mir zwar sehr weh, gleichzeitig habe ich aber vermieden, meine deutsche Umgebung und meine Frau davon in Kenntnis zu setzen aus der Angst heraus, dass ich ihr Kummer bereiten würde. Mir tat besonders weh, dass meine Mitschüler und Studienkollegen es mir aufs äußerste übel genommen haben, dass ich meine ursprüngliche Staatsbürgerschaft nicht mehr haben wollte. So besteht seit Jahren überhaupt kein Kontakt mehr zu dem Rest der Familie und zu meinen Freunden.

12. 50 Jahre später in Deutschland

Ich habe mich nach langer Überlegung dazu durchgerungen, diese 50 Jahre für den familiären Bereich aus meiner Sicht darzustellen. Die folgenden Ausführungen beschreiben meine subjektive Sicht der Dinge. Es kann durchaus sein, dass diese möglicherweise nicht zutreffend sind, aber sie sind mein Standpunkt.

Mein politisches Engagement war immer sehr ausgeprägt.

1981 verließ ich die SPD und traf auf einen bekannten Professor der Soziologie der in Bonn ein sozialwissenschaftliches Institut betrieb. Er stellte mich einem bekannten CDU Politiker vor. Während der aufkommenden Diskussion überzeugten die beiden mich, der CDU beizutreten. Zudem war ich immer angetan von Rainer Barzel, der auch in Bad Godesberg bei Bonn wohnte. Überzeugt von diesen „anständigen" Konservativen, die einen Hauch sozialer Gesichtspunkte an den Tag legten und eine gewisse „intellektuelle" Argumentationsfähigkeit besaßen, trat ich tatsächlich bei. Ich trat jedoch nach der Wahl von Helmut Kohl zum Bundeskanzler aus der CDU aus.

Seitdem habe ich mich keiner politischen Partei mehr angeschlossen, obwohl ich häufig dazu aufgefordert wurde.

Zu meiner Wohnumgebung kann ich sagen, dass ich seit vielen Jahren in einer gut bürgerlichen Wohnumgebung in Bonn lebe. Diese ist eher konservativ, große Teile der hier lebenden Bevölkerung sind Anwälte, Richter und Staatsanwälte. Viele Häuser sind Belle-Epoche-Häuser. Mitbewohner der unteren sozialen Schichten halten sich hier kaum auf.

Nach der Herabstufung der Stadt Bonn zur „normalen" Stadt, sind sehr viele neureiche Personen eingezogen bzw.

Häuser auf dubiose Art erworben worden. Nur wenige alte Bewohner, die einen gewissen Kulturgrad haben, sind noch in der Straße. Die Kommunikation zwischen den Straßeneinwohnern findet bis auf wenige Ausnahmen nicht statt. Jeder lebt nach dem Motto „allein in seinem Reich". Eine gewisse Gefühlskälte wohnt dieser Straße inne. Ich habe wenige gute Beziehungen zu einigen Familien Insoweit ist ein Straßenleben wie ich es von zuhause kannte kaum möglich.

Das Leben mit meiner deutschen Familie war in all den Jahren nie ungezwungen. Ich habe sehr unter den Vorurteilen gelitten, die mir entgegengebracht wurden, und ich musste immer wieder um meine Daseinsberechtigung kämpfen. Ich musste gleichzeitig stets an die Vorurteile über die „Deutschen", die mir aus meiner südlichen Heimat mitgegeben wurden, denken. Ich habe während dieser 43 Jahre, die ich meine Frau kenne, stets versucht diese Vorurteile abzubauen und musste in meinen alten Tagen doch anerkennen, dass diesen doch eine gewisse Wahrheit innewohnt.

Als ich meine Frau kennen gelernt habe, war alles sehr ungezwungen. Ich habe sie stets von meinen Problemen und meinen stressigen Situationen ferngehalten. Ich habe alles daran gesetzt, dass sie einen eigenständigen, beruflichen Werdegang einschlug.

Ich bin ihr dankbar, dass sie mit mir durch dick und dünn gegangen ist.

Ich habe nie versucht ihr ansatzweise zu zeigen, wie hoch der Preis ist, den ich gezahlt habe, als ich meine Heimat verließ.

Ich habe nie geglaubt, dass nach so vielen Jahren der Engstirnigkeit, des Rassismus noch so viel Dummheit in der deutschen Bevölkerung, vor allem bei den

Kleinbürgern vorhanden ist. Die Warnung von Herrn Hans, dass gerade das Kleinbürgertum mit seiner Verlogenheit, Neid und Dummheit die Stütze für Hitler waren. Jetzt in meinen alten Tagen muss ich feststellen, dass sie aus der Geschichte doch nichts gelernt haben.

Das alles macht mich sehr unglücklich und ich versuche mich selbst zu überzeugen, das sei wohl der Preis dafür, eine „Deutsche" geheiratet zu haben. Ich denke sehr oft an das Lied von Charles Aznavour „ Il fault savoir".

Glücklich?

Über diese Frage musste ich lange nachdenken. Der Aufenthalt in Deutschland hat mich unwiederbringlich einsamer gemacht, denn der größte Teil meiner Freunde, und Freunde hat man nie genug im Leben, stammt aus der Kindheit und hat sich mittlerweile von mir abgewandt. Für den größten Teil meiner Familie gilt das gleiche. Im Älterwerden schmerzt diese Tatsache sehr. Ich musste auf sehr viel von meiner Kultur verzichten. Angefangen von den politischen Diskussionen, über die Literatur, bis hin zur Philosophie, was einen Teil meiner Kindheit besonders geprägt hat.

Das Leben am Mittelmeer und die Einstellung zum Mittelmeer sind wie eine Seifenblase zerplatzt, dabei war diese Einstellung Ende der 50er und Anfang der 60er Jahre so prägend für meine Person.

Dem gegenüber habe ich den Zugang zu der deutschen Kultur gewonnen, inklusive deren Denker und Philosophen, eine andere Art zu denken, eine andere Art Vorkommnisse zu gewichten und neue Herausforderungen anzunehmen.

Was mich aber sehr stark verletzt und ermüdet, ist der ständige, tägliche Nachweis meiner Daseinsberechtigung. Monsieur Hans hat mir damals gesagt: „Und selbst wenn du hundert Jahre dort lebst. Du wirst immer als Fremder wahrgenommen." An manchen Tagen glaube ich an diese Version.

Ich bin mehr denn je davon überzeugt, dass das Kleinbürgertum die moralische Lektion aus der Geschichte nur vorgetäuscht hat und dass es nach wie vor rassistisch, engstirnig und verlogen ist. Insoweit hat die Vorwarnung von Herrn Hans einen großen Wahrheitsgehalt. Ich bin jetzt sogar davon überzeugt, sollte es zu einem politischen Regimewechsel kommen, dass ich von meinen engsten Kreisen wegen meiner kritischen Haltung gegenüber Rassismus diffamiert, angezeigt und verfolgt werde, wenn es opportun erscheint.

Dieser Kampf um die Daseinsberechtigung beschränkt sich nicht nur auf das Berufliche, sondern auch auf das Private und Familiäre. Dies lässt mich in letzter Zeit häufiger die Frage stellen, was mich eigentlich mit dieser Familie und diesem Land verbindet.. Ich kämpfe täglich gegen die Versuchung, einen Vergleich zum Land meiner Kindheit anzustellen. Ich stehe zu diesem Land und ich stehe nach wie vor zu meiner Entscheidung hier zu sein. Aber ob ich glücklich dabei bin, stellt eine weitere Frage dar. Ich glaube selten. Einer meine Lehrer hat mir beigebracht „Man muss wissen wann man aufsteht und sich verabschiedet".

Die Narben, die mir in den letzten 50 Jahren zugefügt worden sind, sind sehr zahlreich. Ich gehöre jedoch nicht zu den Menschen, die sich darüber beschweren. Denn ich habe mich für dieses Land entschieden und dies scheint der Preis zu sein, um hier leben zu dürfen.

War der Preis zu hoch?

Ich wurde kürzlich, das heißt im Oktober 2016, gefragt, ob ich für diese Übersiedlung nach Deutschland, für die Ehe mit einer deutschen Frau sowie mit der Annahme der Staatsbürgerschaft nicht einen zu hohen Preis bezahlt habe. Ich weigere mich immer noch mich selbst nach diesem Preis zu fragen, denn ich habe nie nach einem Preis für meine Entscheidungen gefragt. Ich habe sie einfach getroffen.

Nach 50 Jahren Aufenthalt in diesem Land fühle ich mich fremder denn je. Aber ich stehe zu diesem Land. Nur der tagtägliche Kampf ermüdet mich auf Dauer. Ich wünsche mir wenigstens etwas mehr Verständnis, wenigstens innerhalb meiner deutschen Familie. Ist meine Frau meine Heimat? Nach 50 Jahren bin ich versucht dies zu glauben.

Im Januar 2018 und bei nüchterner Betrachtung bin ich der Überzeugung, dass der Preis zwar zu hoch war, aber ich habe ihn bezahlt. Insoweit würde mir das Jammern darüber nicht weiterhelfen. Es ist jedoch bitter zu erkennen, dass ein großer Teil der negativen Vorurteile, die ich von zuhause mit auf den Weg bekommen habe, sich leider bewahrheitet haben. Als Fazit muss ich feststellen, dass einige wenige Vorurteile doch reale Bezüge haben. Diese Vorurteile würden mich nicht so treffen, wenn diese nicht auf meine „deutsche Familie" zutreffen würden. Es schmerzt sehr, wenn Familienmitglieder, mit denen ich mein Leben 43 Jahre lang geteilt habe, mir so wenig Respekt entgegen bringen.

Es schmerzt mich sehr, wenn meine Frau manche gut gemeinte Kritik nicht ernst nimmt.

Manchmal habe ich Angst vor mir selbst, welche Reaktion meinerseits dies zu Folge hätte. Denn solch schmerzhafte Entscheidungen haben schon meine Kindheit geprägt.

Meine Ratio sagt mir, dass ich mit der Entscheidung nach Deutschland zu gehen, den größten Fehler meines Leben gemacht habe.

Mein Selbstwertgefühl sagt: Du hast dich für diesen Weg entschieden, du musst auch den Preis dafür bezahlen und selbst wenn er sehr hoch ist.

Wenn ich etwas zu bedauern habe, ist es dass ich in meinen jungen Jahren nicht meine Frau in ein anderes Land mitgenommen habe.

13. Meine Integration in Deutschland

Meine Integration in Deutschland verlief nicht reibungslos. Sie war bestimmt durch

a) den alltäglichen Rassismus

b) Arroganz , Dummheit, Denkfaulheit, Verlogenheit

c) die Schwierigkeiten mit der Sprache

d) meinen Unmut über die Entwicklung der Gesellschaft

e) meine Versöhnung mit der Schimäre Deutschland

13.1. Der alltägliche Rassismus

Seit 50 Jahren erlebe ich dies. Dieser manifestiert sich in verschiedenen Formen

-        der plumpe Rassismus.

Dass ich ab und zu mal in der Schriftform nicht den richtigen Ton treffe und ich dann mit abfälligem Ton zurechtgewiesen werde. „Deutsche Sprache, schwere Sprache" oder ich werde direkt geduzt, obwohl ich die Leute nicht kenne, oder in einer abgehakten Sprache angesprochen. Eine der schlimmsten Begegnungen hatte ich vor 3 Jahren im Postamt meines Wohnorts. Ich stand in der Schlange vor einem Schalter, eine junge Frau von max. 30 Jahren kam, zog mich am Ärmel aus der Schlange und nahm meinen Platz an mit dem Satz „Ausländer kennen nicht die deutsche Ordnung". Erfreulicherweise wurde sie von den übrigen in der Schlange Stehenden so angegriffen, dass sie unverrichteter Dinge das Postamt verließ. Ich habe mich darüber sehr gefreut, dass die meisten Beteiligten sich bei mir für das Verhalten entschuldigt haben.

-       der positive Rassismus

Hier erlebte und erlebe ich sehr oft, dass Mitbürger ohne jeglichen Grund versuchen, mich zu schützen, weil sie vorausschauend denken, dass ich möglicherweise aufgrund meiner Herkunft benachteiligt werden könnte

13.2 Keine Toleranz den Intoleranten

Wenn ich etwas aus meiner Kindheit mitnehme, dann stets den Menschen als Menschen zu sehen, den Menschen mit seinen Stärken und Schwächen. Stets offen gegenüber anderen Kulturen, Denkweisen, Herkunft und sozialen Hierarchien zu sein, sehe ich als eine Pflicht an. Die Argumente der Gegenseite zu Ende zu hören; seine Positionen klar gegenüber den anderen auszudrücken, selbst dann, wenn man nicht die gleiche Meinung hat; sich nicht eine gedankliche Schere von außen aufzwingen zu lassen; sich nicht durch einen Verhaltenskodex vorschreiben zu lassen, wie man zu denken hat; gegebenenfalls unbequem zu sein, wenn es nötig ist; nach dem Motto „die Gedanken sind frei" zu handeln, ist für mich grundlegend. Sich nicht von Besserwissern und Pseudomoralisten leiten zu lassen, nicht Harmonie um jeden Preis zu wünschen, die Rolle des Status in einer Gesellschaft zu relativieren, selbst dann, wenn dafür ein Preis zu bezahlen ist und die Überzeugung zu haben, dass jede Entscheidung gründlich vorbereitet muss und sich selbst darüber im Klaren zu sein, dass jede Entscheidung einen Preis fordert und dass der innere Kompass von jeder Entscheidung beeinflusst wird. Gleichzeitig die Leistung von Dritten anzuerkennen, ohne in Neid zu verfallen.

Ein zweiter, wesentlicher Punkt aus all diesen Diskussionen, Erziehung und Ratschlägen, die mich bis heute prägen, ist, dass gegenüber der Auslegung von

Religionen die Intoleranz nicht zu dulden und somit zu bekämpfen ist. Für mich beginnt Intoleranz mit der Missachtung meines Gegenübers, sei es wegen seiner Idee, seiner Physis, seines Glaubens, seiner Sprache, seiner Herkunft oder seines sozialen Status. Intoleranz ist für mich das Verhalten von so genannten Gutmenschen, die meinen, mit der moralischen Keule den Rest der Bevölkerung erziehen zu dürfen. Intoleranz ist für mich, dass alle Pharisäer, die ihren Namen einer Religion oder der Zugehörigkeit einer geistigen Elite verschrieben haben, sich in der Rolle von sozialen Pädagogen gegenüber der Bevölkerung sehen. Solche Pharisäer versuchen ihren Mitmenschen eine gewünschte Art zu denken aufzuzwingen, die vor allem in Deutschland von der Partei „Die Grünen", von Journalisten, von Pseudowissenschaftlern, die uns vorgeben, wie wir zu denken, zu fühlen und zu glauben haben, geprägt wird. Gegenüber solchen Gruppierungen kann ich keine Toleranz aufbringen, denn ein solches Verhalten fördert einen so genannten „Tugendterrorismus", sowie das Entstehen einer Untertanen-Gesellschaft.

Ich habe keinerlei Toleranz gegenüber dem Versuch der Presse und der Medien, vor allem in den letzten zehn Jahren, eine genormte Einheitsmeinung zu erreichen. Ich habe keine Toleranz gegenüber der Diffamierung von kritischen Andersdenkenden, selbst dann, wenn diese andere Meinung schadet.

Ich habe keine Toleranz gegenüber der Auslegung von Religionen, insbesondere der saudi-arabischen Auslegung des Islam, die gegen Menschenwürde verstößt. In diesem Zusammenhang bringe ich keinerlei Toleranz gegenüber der Auslegung des Islam in Bezug auf die Erniedrigung von Frauen auf.

Ich bringe keinerlei Toleranz gegenüber der Art des Islam auf, die Menschen mit Todesdrohung verwehrt, eine kritische Meinung gegenüber dieser Religion zu äußern.

Ich bringe keinerlei Toleranz gegenüber politischen und wirtschaftlichen Systemen auf, die die Menschenwürde hinsichtlich Ernährung und Wasserversorgung missachten.

Ich bringe keinerlei Toleranz gegenüber politischen Parteien und Politikern auf, die Ängste und Befürchtungen aus der Bevölkerung (sei es real oder gefühlt) nicht ernst nehmen.

Ich bringe keine Toleranz gegenüber so genannten Wissenschaftlern und „geistigen Eliten" auf, die zu faul sind, ihre Erkenntnisse in einfacher Darstellung zu verbreiten. Ich bringe keine Toleranz gegenüber Wissenschaftlern auf, die in einem Elfenbeinturm leben.

Ich bringe keinerlei Toleranz gegenüber Industrien auf, die die Menschen, sei es geistig, körperlich oder wirtschaftlich ohne Rücksicht auf Verluste ausbeuten.

13.3 Die Schwierigkeiten mit der Sprache

Dies stellt einen meiner größten Kämpfe gegen mich selber dar, den ich seit 50 Jahren führe. Er spitzt sich in der Frage zu, warum ich nicht unbenommen einfach die Regeln der deutschen Grammatik und die stilistischen Formulierungen anwende. Ich muss zugeben, dass der ständige Versuch meiner Ehefrau und meines Umfelds meine Sprachkenntnisse zu verbessern, in mir eher zu einer Ablehnung als zur Annahme der Sprache geführt hat. Ich frage mich des Öfteren, was eigentlich die Sprache für manches Verhalten eines Teils der Bevölkerung kann. Zudem könnte dies ein Ausdruck für die Angst des Verlusts meiner lateinischen Identität sein. Ich wurde indoktriniert in der Universalität der lateinischen Kultur und ich glaube, dass ich nicht bereit war und bin, diese abzulegen.

Dies mag ein Trugschluss sein, aber dies ist ein Problem, welches ich in mir trage.

Erstaunlicherweise träume ich sehr oft auch deutsch und ich denke auch sehr oft deutsch. Hinter der Überzeugung, dass man in Wörtern denkt, ist die Teil-Beherrschung der Sprache eine Voraussetzung, um zu kommunizieren. Dies habe ich bis heute nicht voll realisiert.

13.4 Mein Unmut über die Entwicklung der Gesellschaft

Im Prozess meiner Eindeutschung habe ich die deutsche Gesellschaft, das politische System und die deutschen Eliten einer kritischen Würdigung unterzogen. Dabei bin ich auf folgende Fragen gestoßen:

13.4.1 Ist Deutschland eine Demokratie?

Abgeleitet aus der deutschen Geschichte werde ich das Gefühl nicht los, dass die politische Klasse dem Volk misstraut.

Welches Recht habe ich als Bürger zu entscheiden, wenn ich nur zwischen den Angeboten einer Anzahl von politischen Parteien wählen kann, die aber über Listen oder Nominierung der Personen selbst bestimmen, wer im Bundestag oder in den Landtagen Einzug hält.

D.h. ich habe als Wähler lediglich die Wahl zwischen vorgegebenen Personen. Ich kann also nicht die Person meiner Wahl innerhalb der Partei wählen.

Die Ablehnung von plebiszitären Elementen ist in der politischen Klasse in Deutschland stark verankert, dies führt jedoch zur Ablehnung der Demokratie und zur Entstehung von parallelen Gesellschaften. Der häufigste Satz, den ich in den letzten 20 Jahren in diesem Zusammenhang gehört habe ist „Ich kann wählen was ich will, die da oben machen sowieso was sie wollen." Die mangelhafte Kommunikation der jetzigen politischen Klasse mit dem Volk (insbesondere seit der „2. Berliner Republik") verstärkt dieses Gefühl umso mehr.

13.4.2 Das deutsche Grundgesetz

Ein Grundgesetz entsteht nicht in einem luftleeren Raum, sondern wird bedingt durch den historischen Zeitgeist, geschichtliche Erfahrungen und Entwicklungen. Selbst dann, wenn gewisse Teile eines Grundgesetzes unveränderlich sind, so muss man von Zeit zu Zeit die gesamte Verfassung an die Entwicklung der Gesellschaft anpassen. Das Festhalten an der Unveränderbarkeit des größten Teils des Grundgesetzes ist für die Entwicklung einer Gesellschaft sogar schädlich. Ein Rat der Weisen, der dies zur Aufgabe hätte, fehlt in Deutschland. Denn die politische Klasse in Deutschland ist starkem Druck von Berufslobbyisten ausgesetzt und kann daher nur äußerst bedingt das Wohl des Ganzen im Auge haben.

Die Summe von mächtigen Partikularinteressen hat in den letzten Jahren eine inflationäre Tendenz entwickelt. D.h. dass ein großer Teil der Gesetze oder Gesetzentwürfe meist die Interessen von mächtigen Lobbyisten darstellt.

13.4.3 Das Fehlen von politischen Visionen

Das Fehlen von politischen Visionen wird besonders in der Ära Merkel in den letzten 10 Jahren deutlich. Die Ära Merkel zeichnet sich dadurch aus, dass es um die reine Verwaltung des Zustands einer Gesellschaft geht. Da keine politischen Visionen für die nächsten 5 bzw. 10 Jahre entwickelt und ausgesprochen werden, wird die Bevölkerung nicht auf kommende tiefgreifende Herausforderungen vorbereitet. Ein Volk muss auf gewisse Herausforderungen zumindest „seelisch" vorbereitet sein. Kritische Zustände oder Probleme werden kleingeredet oder Kritiker werden diffamiert. Mahner werden nicht gehört oder ins Lächerliche gezogen.

Die politischen Parteien stehen für alles oder nichts. Das gleiche gilt für die politisch Handelnden. Es gibt keine Alleinstellungsmerkmale bei den Parteien. Es gibt auch keine präventive Politik für bestimmte Bereiche. Die politischen Parteien nehmen sich lieber der Vertretung von Minderheiten an im Glauben daran, dass sie den größten Teil der schweigenden Mehrheit fest in ihrer Hand hätten und wundern sich, dass Entwicklungen aus der Mitte der Gesellschaft kommen, die das Aufkommen von Anti-System-Parteien ermöglichen.

13.4.4 Medien

Ich musste zu meinem Bedauern feststellen, dass die Qualität der Medien sich in den letzten 20 Jahren inflationär verschlechtert hat. Erstaunlicherweise sind die Journalisten frei in der Meinungsbildung, aber sie haben anscheinend alle die gleiche Meinung. Ich frage mich dann, wo ist die Meinungsvielfalt. Die öffentlichen Rundfunkanstalten sind besetzt von Parteimitgliedern oder diese werden von den Parteien direkt oder indirekt kontrolliert.

Nachweislich unterschlagen die öffentlichen Medien Informationen, die kritisch sind oder der politischen Klasse unangenehm sind oder bedrohlich erscheinen. Es ist für mich nicht nachvollziehbar, dass über direkte Nachbarn wie Frankreich, Belgien, Holland, England nur sehr sporadisch berichtet wird und die politische, wirtschaftliche und soziale Entwicklung dieser Länder nicht die notwendige Beachtung findet.

Wenn die Nachricht stimmt, dass die Bundeskanzlerin beste Freundin von Frau Mohn und Frau Springer ist, dann haben wir ein ernsthaftes Problem in der Medienlandschaft.

13.4.5 Altenativlosigkeit?

Der verbreitete Glauben an die Alternativlosigkeit der jetzigen Kanzlerin stellt ein ernsthaftes Problem für die Demokratie dar. Die Tatsache, dass die jetzige Kanzlerin konservative Persönlichkeiten aus ihrer Partei „entfernt" hat, stellt in dieser Ausprägung einen einmaligen Vorgang in der deutschen Nachkriegsgeschichte dar. „Mutti Merkel wird alle Probleme lösen": dies ist nie eingetroffen. Sie stellt selbst einen Teil des Problems dar, denn ein Teil der konservativen Wähler ist heimatlos geworden und rennt hinter Rattenfängern (AFD) her. „Mutti Merkel" hat dafür Sorge getragen, dass die Stellung Deutschlands in der EU eine Minderheit geworden ist. Konzeptionen und Visionen sind nicht die Stärke dieser Kanzlerin. Die von ihr seit 10 Jahren geführte neoliberale Politik hat zum Ergebnis, dass die Anzahl der Milliardäre sich verdoppelt und die Zahl der Harz IV Empfänger sich versechsfacht hat. Kritiker dieser

Politik werden nicht gehört und sogar diffamiert. Betrachtet man diese Entwicklung mit der Perspektive, dass Frau Merkel nochmal 4 Jahre Kanzlerin sein wird, so kann ein Angstgefühl entstehen.

13.5 Versöhnung mit der Schimäre Deutschland?

Mein Integrationsprozess war ein **tagtäglicher Kampf** zwischen dem Umfeld und meinen Werten. Eine wesentliche Rolle hat dabei mein Festhalten an der lateinischen Herkunft, die Teil meiner Person ist, gegenüber meiner Öffnung zu einer „suspekten" angelsächsischen Kultur gespielt. Ich musste am eigenen Leib erleben, was Rassismus bedeutet. Das hat sehr oft tiefe Wunden hinterlassen. Trotzdem stehe ich zu diesem Land im Guten und im Schlechten.

14. Kritische Betrachtung der deutschen Gesellschaft

Nach 50 Jahren Aufenthalt in Deutschland erlaube ich mir aufgrund meines Bekenntnisses zu dieser Gesellschaft folgende kritische Anmerkungen an uns als Volk vorzunehmen und eine kritische Würdigung der politischen Klasse und geistigen Elite dieses Landes zu formulieren:

14.1 Anmerkungen an uns als Volk

In den letzten 50 Jahren haben wir vergessen, dass neben Rechten auch Pflichten bestehen, auch wenn diese nicht ausdrücklich gefordert werden. Wir fordern vom Staat immer mehr Leistungen, die wir eigentlich selbst erbringen sollten. Dies stellt sich vor allem im Bereich der zunehmenden Rücksichtslosigkeit im Umgang untereinander dar und endet sehr oft in gerichtlichen Auseinandersetzungen, die nur Verlierer und Kränkungen zum Ergebnis haben. Die Zahl der gerichtlichen Auseinandersetzungen hat sich in den letzten 50 Jahren verzehnfacht. Dies kostet die Gesellschaft unvorstellbare Summen. Eine weitere Anmerkung zu der Entwicklung unseres Verhaltens in den letzten 50 Jahren ist die Zunahme von Scheidungen und die damit verbundenen gesellschaftlichen Kosten, insbesondere zu Lasten der Kinder. Untersucht man gründlich die Ursachen von Scheidungen, so wird man erstaunt feststellen, dass das Auseinanderleben von Paaren sehr oft auf alltäglicher Vernachlässigung des Partners beruht. Dies fängt damit an, dass man dem Partner nicht richtig zuhört oder dass man sich in die Interessen des Partners nicht hineinfühlt. Dazu kommt eine gewisse Rücksichtslosigkeit bei der

Durchsetzung der eigenen oder vermeintlich eigenen Interessen. Hinzu kommen eine immer kurzlebigere Sicht der Dinge und der Glaube, dass man ständig erreichbar sein muss, was von Grund auf falsch ist. Der Mensch hat vor der Zeit der permanenten Telekommunikation seit Ewigkeiten gelebt und hatte dadurch nicht eine qualitativ schlechtere Kommunikation. Wir haben uns eine künstliche Welt gebaut und damit künstliche Zwänge, die wir nicht mehr loswerden. Die ständige Aufnahme von Informationen und damit verbundene Reizüberflutung bedeutet noch lange nicht, dass der Einzelne besser informiert ist. Zudem hat die heutige Gesellschaft noch nicht den Wert der persönlichen Daten verstanden. So laufen wir ungesehen in die Abhängigkeiten von großen, auf Gewinne und Macht abzielende Unternehmen, die uns rücksichtslos missbrauchen und sogar versuchen, uns zu manipulieren, bewusst oder unbewusst. Die Mahner, die diese Probleme ansprechen, werden von uns nicht ernst genommen und mundtot gemacht. Es ist Zeit, dass wir uns, jeder für sich in seinem kleinen Kreis, darüber klar werden, ob wir eine weitere Zuspitzung einer unkontrollierbaren Kommunikationsgesellschaft haben möchten.

Ein weiteres ernsthaftes Problem in unserer Gesellschaft besteht darin, dass sich die ältere Generation wenig Gedanken über die nachfolgende Generation macht und dadurch Generationskonflikte provoziert. Dies bezieht sich auf den ungehemmten Verbrauch von Rohstoffen oder das Versäumen ernsthafte Problemlösungen anzugehen. Wir verschlafen die Zukunft unserer Kinder und Kindeskinder. Unsere nächste Generation ist nicht auf die vorauszusehenden Herausforderungen vorbereitet. Zudem lassen wir als Gesellschaft es an Solidarität zwischen Reich und Arm sowie zu unseren Nachbarn vermissen und dies wird uns eines Tages teuer zu stehen kommen. Die

Ausbildung unserer Kinder und die Betreuung unserer Alten betreffen alle Bürger und nicht nur den Staat. Bedenkt man, dass ein Teil unserer Jugend nicht mehr in der Lage ist, einen richtigen Satz in der deutschen Sprache zu formulieren, dann muss man pessimistisch hinsichtlich des Erlernens von Spitzentechnologien sein. Die deutsche Gesellschaft ist aber, um wirtschaftlich zu überleben, auf herausragende Leistungen, sei es technischer oder kultureller Art, angewiesen. Eine Gesellschaft, die dem kritischen Denken abschwört, ist zum Niedergang verurteilt. Man braucht nur den Lauf der Geschichte zu betrachten. Es ist traurig zu beobachten, dass unsere namhaften Mahner, um die uns die ganze Welt beneidet, heute bei der Masse der Bevölkerung kein Gehör mehr finden.

14.2 Kritische Würdigung der politischen Klasse

Als Bürger dieses Landes, der bereits seit über 50 Jahren hier lebt und der sich bewusst zu diesem Land bekennt, erlaube ich mir, eine kritische Würdigung der politischen Arbeit und der Entwicklung der letzten 10 Jahre. Entgegen der üblicherweise indirekten Form, d.h. dass man über die Politiker schreibt, habe ich mich dazu entschlossen, mich in direkter Form an die führenden Politiker zu wenden.

14.2.1 Offener Brief an Frau Merkel

Sehr geehrte Frau Merkel,
Sie sind seit zehn Jahren Kanzlerin.

Ich bin lediglich ein Durchschnittsbürger, der sich seit 1968 mit Ökonomie und Politik befasst, ich habe die erste große Koalition unter Kurt Georg Kiesinger erlebt und gekannt, die Kanzlerschaft von Brandt sehr bewusst erlebt, die Kanzlerschaften von Helmut Schmidt und Helmut Kohl sehr bewusst erlebt und die Kanzlerschaft von Schröder neben Ihrer ebenfalls sehr bewusst erlebt. Ich erlaube mir nun eine kritische Würdigung und eine Bewertung Ihrer zehn Jahre im Amt in Kurzform:

1. Das Nicht Vorhandensein von Visionen für Deutschland

Bis heute ist mir nicht klar, was Sie mit Deutschland erreichen wollen. Sie haben bis heute weder Visionen über die Zukunft des Landes formuliert noch haben Sie im Ansatz begonnen unser Haus Deutschland, das in die Jahre gekommen ist, einer gründlichen Renovierung zu unterziehen. Sie versuchen im Kleinen eine angebliche Lösung von Problemen herbeizuführen, ohne diesen auf den Grund zu gehen. Zudem, entgegen Ihrer Aussage, dass Sie Dinge zu Ende denken, muss ich in verschiedenen Punkten feststellen, dass Sie lediglich Scheinlösungen anstreben.

2. Der Zustand der Christdemokraten

Sie haben aus der CDU eine Partei gemacht, die für alles und nichts steht, und auf Ihre Person zugeschnitten ist. Dabei haben Sie vergessen, dass ein Teil der CDU-ler einen gewissen Wertkonservatismus vertritt. Indem Sie die Partei der variablen Grundachsen erschaffen haben, nehmen Sie in Kauf, dass ein Teil dieser politisch heimatlos gewordenen

Konservativen hinter irgendeinem politischen Rattenfänger herläuft.

3. Die Infrastruktur

Durch einen hirnlosen Sparansatz haben Sie dafür Sorge getragen, dass unsere technischen Infrastrukturen um Jahre veraltet sind. Im Verkehr sind heute bereits alle Autobahnen und Landstraßen mehr als belastet und ausgelastet. Der größte Teil unserer Brücken ist nicht nur reparaturbedürftig, sondern hat ihr technisches Lebensende erreicht und muss dringend ersetzt werden. Hier hätten Sie mit einem mutigen zehnjährigen Aufbauplan dafür Sorge tragen können, dass eine Stabilität in der Beschäftigung bei gleichzeitiger Verbesserung der verkehrstechnischen Infrastruktur stattfindet. Wie wollen Sie erreichen, dass bereits in vier Jahren fast eine Verdoppelung des Lastwagensaufkommens im Verkehr bewältigt werden kann. Es geht hier nicht darum, dieses Problem sofort zu lösen, aber zumindest einen vernünftigen Plan zu haben. Im Hinblick auf die Politik Ihrer Regierung für die Bundesbahn, ist es nicht anders: Anstatt eine Verlegung des Straßenverkehrs auf attraktive Angebote der Bundesbahn zu fördern, zwingt Ihr Finanzminister die Bundesbahn Dividenden auszuschütten. Dies ging in den letzten Jahren zu Lasten von notwendigen Investitionen, zum Beispiel zur Beschaffung von Lokomotiven und Zügen. Auch hier fehlt ein durchgängiges Konzept. Betrachtet man unsere Seewege, so muss man feststellen, dass ein enormer Bedarf an Renovierungs- und Ausbaumaßnahmen unserer Binnen- und Seehäfen besteht. Auch hier fehlt ein Konzept. Betrachtet man unsere Flughäfen, so sieht man ein Chaos und eine inflationäre Zahl von unrentablen kleinen Flughäfen, die den Steuerzahler Unmengen an Geld kosten. Auch hier fehlt ein durchgängiges Konzept. Ein Gesamtkonzept, dass alle möglichen Teilkomplexe einschließt, liegt ebenfalls nicht vor. Hätten Sie übrigens derartige Verkehrsprojekte angestoßen, hätten wir aus europäischer Sicht auch eine gewisse Nachfragebelebung für unsere wichtigsten Nachbarn mitbewirkt.

4. Bildung und Forschung

Betrachtet man Ihre Leistungen hinsichtlich der Weiterentwicklung unserer Bildung und Forschung, so muss man feststellen, dass Sie gar keine Konzeption haben. Sie müssten nicht selbst Lösungen entwickeln, sondern nur ein Projekt dazu initiieren. Betrachtet man die Kosten von Bildung und Forschung in Deutschland, so haben diese in den letzten zehn Jahren im Verhältnis zu unserem Brutto-Inlands-Produkt (der jährlich geschaffene Reichtum Deutschlands) abgenommen. Es ist eine unerträgliche Situation, wenn Sie diese Aufgabe allein den „Ländern" überlassen, wohlwissend, dass viele dieser Länder überschuldet oder in der Schuldenfalle sind. Sie haben immer noch nicht verstanden, dass Investitionen nicht zum Schuldenaufkommen eines Staates gehören, sondern für die Zukunft dieses Staates von maßgeblicher Bedeutung sind. Betrachtet man die Gebäude der Universitäten in Deutschland, so muss man das Gefühl haben, dass diese äußerst stiefmütterlich behandelt werden. Betrachtet man die jährliche Abwanderung von unseren jungen Wissenschaftlern, so muss man sich fragen, ob Sie an die Zukunft unserer Jugend denken. Die Anzahl der Anmeldungen von Patenten deutschen Ursprungs nimmt seit Jahren kontinuierlich ab. Wie wollen Sie Zukunft und Wohlstand unseres Landes sichern.

5. Gesundheitswesen

Betrachtet man das Gebiet unseres Gesundheitswesens, so muss man ebenfalls feststellen, dass Sie auch dort keinerlei Konzeption haben und nach dem Prinzip verfahren, dass man ab und zu die Symptome lindert, ohne die Ursache zu bekämpfen. Bedenkt man, dass der größte Teil unserer großen Kliniken in einem desolaten wirtschaftlichen Zustand ist, der teilweise durch die Politik verursacht ist - für Gebäude und Investitionen liegt die Zuständigkeit beim Staat, für den Betrieb sind die Krankenversicherungen zuständig - haben Sie auch hier versagt, denn dass Länder und Kommunen zuständig für die Finanzierung der Krankenhäuser sind, ist sträflich. Denn Sie wissen, dass dies angesichts der Verschuldung und der finanziellen Engpässe der Länder und Kommunen nicht möglich ist. Das Erreichen einer so genannten „Schwarzen Null" für die Bundesfinanzen ist nichts anderes als eine Mogelpackung. Angesichts der zunehmenden Überalterung der Gesellschaft und der damit verbundenen Erhöhung der Gesundheitskosten, ist es unverantwortlich, eine Umverteilung der Zuständigkeit zwischen Bund und Ländern abzulehnen. Bedenkt man, dass gesetzliche Krankenkassen mit Vertretern der Ärzte und Vertretern der Krankenhäuser und der Pharmaindustrie verhandeln, die Patienten jedoch nicht beteiligt werden, entstehen Pseudoergebnisse, die nur von kurzer Dauer sind. Ich frage mich, warum die Anzahl der gesetzlichen Krankenkassen in Deutschland und die damit verbundenen Verwaltungskosten so hoch sind. Vergleicht man die medizinischen Kosten zwischen Deutschland und einem „Hoch-Lohn-Land" wie Frankreich, so wundert man sich, dass die Gesundheitskosten bei gleichartiger Behandlung um die Hälfte billiger als in Deutschland sind. Es ist unabdingbar für den Sicherstellung einer halbwegs vernünftigen und humanen Betreuung der Kranken, eine gründliche Sanierung der jetzigen Organisation der Gesundheit vorzunehmen. Sollte man frühzeitig die Erkenntnis gewinnen, dass eine Sanierung zu aufwendig ist, so müsste man einen Systemwechsel vornehmen.

Dies setzt jedoch voraus, dass man vorausschauende Konzepte entwickelt, die Sie in den letzten zehn Jahren nicht haben erstellen lassen.

6. Familie und Bevölkerung

Einem weiteren Feld ist ebenfalls eine Gesamtkonzeption verwehrt worden: dem Bereich Familie und Bevölkerung. Auch hier fehlt Ihnen jegliche Vision, wie sich die Familie und die Bevölkerung dieses Landes weiter entwickeln sollen. Angesichts der Tatsache, dass für den Zusammenhalt dieser Gesellschaft ein Zuwachs der Bevölkerung durch Geburten unabdingbar notwendig ist, stelle ich fest, dass junge Familien stets benachteiligt werden, angefangen von fehlenden Kindergartenplätzen, fehlenden Ganztagsschulen und besser abgestimmten Urlaubszeiten zwischen den Ländern, über eine Verbesserung der Schulen, Schulwege, usw. bis hin zur Besteuerung bzw. Freibeträgen für kinderreiche Eltern, die auch noch Kindergeld beziehen. Damit zimmern Sie eine Chancenungleichheit von Beginn an. Selbst die Schulabschlüsse sind in den einzelnen Bundesländern ungleich. Hier wäre die zielgebundene Zuwendung des Bundes an arme Bundesländer ein wesentlicher Beitrag. Da aber ja kein Konzept vorhanden ist, lässt sich eine gesamtheitliche Optimierung und Steuerung der Systeme nicht erreichen.

Zur Verjüngung der Gesellschaft gehört auch eine aktive Migrationspolitik. Hier haben Sie zehn Jahre verstreichen lassen, ohne den Ansatz eines Migrationskonzepts oder entsprechende Vorstellungen angegangen zu haben. Ihr so genannter Befreiungsschlag mit einer inkohärenten Flüchtlingspolitik hat Sie nicht nur in Europa isoliert, sondern auch die Gesellschaft gespalten. Ohne das Flüchtlingsabkommen von Genf (1954) richtig verstanden zu haben, haben Sie die Grenzen unseres Landes geöffnet. Viel schlimmer ist Ihre (via Selfie) an alle Flüchtlinge der Welt gesandte Botschaft. Dort kommt an: „Mutti sorgt für alles". Sie haben damit alle unsere Nachbarländer in einen Zugzwang gebracht und sich damit in Europa ebenfalls isoliert. Zudem haben Sie sich abhängig von einem

Autokraten gemacht, der eigentlich ein Teil des Problems und nicht Teil der Lösung ist. Sie haben unsere Behörden und unsere Bevölkerung an die Grenzen ihrer Fähigkeiten gebracht. Sie haben damit die Sicherheit unserer Bevölkerung aufs Sträflichste riskiert. Sie haben eine Bevölkerung ins Land gebracht, die sehr weit entfernt von unserem Kulturgut ist und sich der Integration weitgehend widersetzen, was äußerst fraglich zu sehen ist (Ich beschäftige mich im Bereich Migration seit über 30 Jahren).

Angesichts dessen, dass Sie sich bis heute weigern, ein Migrationsgesetz, das auch Integrationsgesetze beinhaltet, zu verabschieden, sowie dass sie es ablehnten ein Ministerium für Migration einzurichten, verschärft sich der Eindruck, dass Ihnen dieses Problem nicht wichtig genug ist. Ihre Versuche, in Afrika Migrationsflüsse zu verringern oder zu stoppen, sind ein Zeichen ihrer Hilflosigkeit. Es gibt genug Fachleute in Deutschland, die in der Lage wären Ihnen zu helfen. Es ist erstaunlich, dass Sie diese Hilfe nicht in Anspruch nehmen. Betrachtet man die Entwicklung der Bevölkerung in Afrika und die zunehmende Ausdehnung der Wüsten, muss man damit rechnen, dass erhebliche Migrationsflüsse von Afrika nach Europa und Nordeuropa stattfinden werden. Umso mehr ist es unverständlich, dass Sie nicht eine Afrika-Politik entwickeln und konzipieren, die zumindest diese Migrationsflüsse verlangsamt und gleichzeitig einen geordneten Zufluss nach Europa steuert. Auch hier sind überhaupt keine konzeptionellen oder visionären Ziele zu erkennen.

7. Bankenkrise

Hinsichtlich der Bankenkrise: Auch hier haben Sie außer der Durchführung von ad-hoc-Maßnahmen kein Konzept entwickelt. Wohlwissend, dass das Geschäftsmodell vieler Banken im Lande nicht zukunftsweisend ist und diese eine wesentliche Ursache für die Krise ist, haben Sie bis heute außer den von der EU durchgeführten Maßnahmen kaum dazu beigetragen, dass die Stabilisierung des Bankensystems erreicht werden konnte. Die Eigenkapitalquote der Banken ist nach wie vor verheerend niedrig, faule Kredite sind bei sehr vielen Banken vorhanden, die BAFIN, die angeblich alles kontrollieren soll, ist personell so dünn besetzt, dass sie ihre Aufgaben kaum bewältigen kann. Unser Sparkassensektor hat ebenfalls erhebliche Probleme, allein aus dem Grund, dass seine Träger (Länder und Kommunen) nicht in der Lage sind, für den Fall der Fälle für eine gewisse Stabilität zu sorgen. Unabhängig vom Rettungsfonds, den Sie mitinitiiert haben, ist die Krise der Banken immer noch latent vorhanden, allerdings für die Bevölkerung noch nicht sichtbar. Die Politik des Herrn Draghi ist im Grunde eine Reaktion auf Ihr „Spardiktat" gegenüber den europäischen Staaten. Ihr Finanzminister und Sie haben nichts verstanden, wenn es um die Strukturen der Volkswirtschaften dieser Länder geht. Der Staatsanteil an den Unternehmen ist in diesen südlichen (lateinischen) Ländern viel höher als in Deutschland und jede Einsparung auf Seiten des Staates führt direkt zur Erhöhung der Arbeitslosigkeit und den damit verbundenen sozialen Unruhen und dem Auseinanderdriften von Europa.

8. Europa

Betrachtet man das Schauspiel, das Ihr Finanzminister und Sie während der griechischen Krise zeigten und die Botschaft, die Sie an Europa gesendet haben, so muss man sich fragen, ob Sie in Ihrem Beratungsteam außer neoliberalen Ökonomen amerikanischer Richtung auch vernünftige Ökonomen in Ihren Reihen haben. Betrachtet man das gebetsmühlenartige Wiederholen vom Glauben an staatliches Sparen, haben Sie erreicht, dass sehr viele Völker dies als deutsche Dominanz erkennen und somit Verbindungen zu unserer jüngeren Geschichte herstellen. Ihr Auftreten mit Ihrem Lieblingswort, der „alternativlosen

Lösung" hat in ganz Europa das Bild des hässlichen Deutschen wieder hervorgerufen. Zum einen gibt es immer Alternativen und zum anderen gibt es keine alternativlos Sterblichen. Was würde mit Deutschland passieren, wenn, Gott bewahre, Sie plötzlich sterben würden?

Ich verfolge die europäische Politik seit Ende der 60er Jahre, da ich persönlich davon betroffen war und bin. Noch nie ist ein deutscher Politiker auf der europäischen Bühne so arrogant aufgetreten wie Sie. Mit Ihrer Masche der alternativlosen Lösungen ständig die deutsche Sicht zur Lösung von anstehenden Problemen aufzudrängen, haben Sie sich in eine isolierte Position gebracht. Das ständige Beharren auf einer falschen ökonomischen Sicht zur Bewältigung der Euro Krise von Ihnen und von Ihrem „Top-Finanzminister" führt dazu, dass der Euro als Reservewährung zum Dollar ausfällt. Die grundsätzliche Fehlkonstruktion des Euro haben Sie in keiner Weise ausgebessert. Sie haben nur darauf gedrängt, dass die Staatsausgaben der Länder im größten Teil Europas reduziert wurden. Dabei haben Sie nicht bedacht, dass der Anteil des Staates als Unternehmer in allen lateinischen Ländern, Griechenland, Belgien viel größer ist als in Deutschland und dass der Anteil der Sozialausgaben in diesen Staaten erheblich höher ist als in Deutschland. Daher haben jegliche Einschränkungen der Staatsausgaben, insbesondere im Bereich der Investitionen, eine unmittelbare Wirkung auf die Beschäftigung. Ihre hirnrissige Idee, Staaten bestrafen zu wollen, die sich in einer strukturellen und konjunkturellen Krise befinden, hat dazu geführt, dass die Populisten und Nationalisten in diesen Ländern sehr stark an Einfluss gewonnen haben. D.h. mit Ihren Maßnahmen sowie mit der Show, die Sie abgezogen haben, haben Sie dafür Sorge getragen, dass die Völker den deutschen Weg mehr und mehr ablehnen. Hätten Sie dafür Sorge getragen, dass die EZB (Europäische Zentralbank) diesen Staaten mit den größten Schwierigkeiten direkt helfen könnte, so wäre das hirnlose Konstrukt des ESFM nicht notwendig. Damit wäre die direkte Haftung Deutschlands ausgeschlossen. Dagegen haben Sie und Ihr Finanzminister ohne an die Konsequenzen Ihres Tuns zu denken, an Dogmen und unglaubwürdigen Aussagen von deutschen Politikern festgehalten. Für jeden Ökonomen steht fest, (auch für den Nobelpreisträger für Wirtschaft, Stieglitz) dass in einem Wirtschaftsraum, in denen die Regionen unterschiedlich ökonomisch stark und schwach sind und der eine Währung besitzt, der stärkere Raum dem schwächeren Raum hilft oder seine Verschuldung mitträgt. Diese Binsenwahrheit, die jeder Ökonom unterschreiben würde, wurde dem deutschen Volk bei der Einführung des Euro von den Politikern aus Feigheit verschwiegen. Im Übrigen darf ich daran erinnern, dass in Deutschland die reichen Länder über den Länderfinanzausgleich den schwächeren Ländern jährlich Zuwendungen zukommen lassen. Durch diese Hilfe konnte das früher bäuerlich ausgerichtete Bayern zu einem blühenden Land werden. Nichts anderes wäre für den Euro-Bereich erforderlich.

Im Gegenteil, man hat die deutsche Bevölkerung im Glauben gelassen, dass selbstverständlich jedes Land für seine eigenen Schulden verantwortlich ist. Wie hirnrissig diese Behauptung ist, zeigt sich bei einem anderen Thema, und zwar bei den Exportüberschüssen Deutschlands bei fast allen Euro-Ländern. Wer deutsche Exportüberschüsse sagt, sagt automatisch mit, dass andere Länder ein Exportdefizit haben, d.h. nichts anderes als dass sie sich bei Deutschland verschulden. Wenn aber gleichzeitig diesen Ländern die Möglichkeit genommen wird, sich weiter zu entwickeln dann macht man aus diesen Ländern nichts anderes als einen reinen Absatzmarkt. Und so pervers es sich anhört, müssen wir unseren eigenen Exporte selbst bezahlen, denn wie der Fall Griechenland zeigt: irgendwann ist die Verschuldung dieser Staaten nicht mehr tragbar sodass die Rückzahlung an dritte Gläubiger nicht mehr möglich ist.

Im Übrigen haben die Finanzkrise und die Schuldenkrise sowie die Spekulation auf den Euro erst aufgehört, als die Zentralbank sich von Ihrer Philosophie losgelöst hat und indirekt die Staaten mit der Politik der Negativzinsen finanziert, indem sie über die nationalen Banken Staats- und Industriepapiere aufkauft. Dies hat wiederum zum Ergebnis, dass ein realer Vermögenstransfer von Deutschland in die lateinischen Länder stattfindet. Anders gesagt: indem man diesen Staaten hilft und geholfen hat, die Krisensituationen zumindest durch einen nicht vorhandenen Zinssatz abzumindern, hat man dem deutschen Sparer und deren Altersversorgung geschädigt, sei es privat, sei es staatlich organisiert. Erstaunlicherweise ist Ihr Finanzminister relativ still in seiner Kritik, denn er verdient an den Negativzinsen 3-stellige Milliardenbeträge, was ihn in seinem persönlichen Ego als einen der besten Finanzminister in Deutschland erscheinen lässt.

Das Bild, das Sie produziert haben von dem armen herzkranken griechischen Rentner, der an sein Geld nicht herankommt, hat sich in die Köpfe der Bevölkerung eingebrannt, unabhängig von der Meinung deren politischen Klasse. Das Bild der hässlichen Deutschen, verbunden mit schmerzhaften Erinnerungen an die Geschichte, haben Sie in Kauf genommen.

In der Flüchtlingspolitik haben Sie total versagt. Sie haben ohne Not die Grenze Deutschlands geöffnet und die Botschaft an die Flüchtlinge gesandt: Kommt nur rein, Mutti wird für alles sorgen. Der Selfie, den Sie zugelassen haben, hat sich bis in das kleinste Dorf in Afrika verbreitet. Mutter Theresa Merkel empfängt uns alle. Bevor Sie die Anordnung zur Öffnung der Grenze gegeben haben, haben Sie sich mit keinem europäischen Land abgestimmt. Sie haben damit allen Ländern eine Massenmigration beschert. Staatliche Grenzen anderer Länder sind außer Kraft gesetzt worden, was Frust und Unverständnis zum Ergebnis hat. Selbst Länder wie Frankreich haben sich nach einer kurzen Zeit von Ihnen losgelöst. Obwohl Sie wissen, dass dies ein immenser strategischer Fehler war, haben Sie nicht den Mut gefunden, dies öffentlich klarzustellen. Wie wäre es, wenn Sie - gern auch wieder mit einem Selfie - die Botschaft senden würden: Das Boot ist voll. Sie haben alle Länder Europas in Kosten gestürzt, die sie angesichts ihrer prekären finanziellen Situation nicht bewältigen können. (Auch Frankreich nicht). Sie haben sich selbst isoliert und damit deutsche Positionen ins politische Abseits geführt. Bedenkt man, dass Sie ein Jahr zuvor die Bitte Italiens afrikanische Migranten aufzunehmen, abschlägig beschieden haben, da Dublin III dies nicht vorsehen würde, muss ich mich über Ihr kurzes Gedächtnis wundern, wenn Sie jetzt plötzlich um Hilfe bei den anderen europäischen Ländern zur Aufnahme der syrischen Flüchtlingen bitten.

Der Aufstieg von Anti-Systemparteien in ganz Europa heißt nichts anderes, als dass die Völker die von Ihnen geführte Politik mehr denn je ablehnen. Die europäische Bevölkerung und insbesondere die Mittelschicht hat Angst vor der immer deutlicher werdenden deutschen Dominanz - wirtschaftlich und politisch. Sie haben kein durchdachtes Konzept, um dieser Angst zu begegnen. Wie in allen anderen Bereichen haben Sie weder eine Weitsicht noch ein Konzept.

9. Altersversorgung und -betreuung

Obwohl Sie vor Ihrem Amtsantritt wussten, dass eine Reform der Altersversorgung unabdingbar war und immer noch ist, haben Sie bis heute nicht einmal ansatzweise eine neue Konzeption angestoßen. Dass die deutsche Bevölkerung älter wird, dürfte Ihnen nicht fremd sein. Dass eine menschenwürdige Altersversorgung notwendig ist, dürfte

Ihnen ebenfalls nicht fremd sein. Sie haben es bis heute nicht geschafft, die Obergrenze bei der Anrechnung der Rente aufzuheben. Dies haben bereits namhafte Wirtschaftswissenschaftler in den 70er, 80er und 90er Jahren gefordert. Bedenkt man, dass mit der Wiedervereinigung auch die Verpflichtung gegenüber den neuen Bundesländern verbunden war, in das System eingebunden zu werden, verschärft nur noch das Problem. Insbesondere, da die Kinderzahlen in der Ex-DDR relativ niedrig waren, erzwingt dies eigentlich eine neue Rentenkonzeption. Dabei müsste eine Generationsgerechtigkeit angestrebt werden. Angesichts der älter werdenden Bevölkerung erhöht sich die Anzahl der Wähler in fortgeschrittenem Alter und damit die Erpressbarkeit der Parteien bei Einführung von unpopulären Maßnahmen. Diese Problematik hätten Sie gemildert, hätten Sie frühzeitig bei Ihrem Amtsantritt zumindest mit der damaligen großen Koalition ein neues Konzept über die Altersversorgung entwickelt. Nur zu argumentieren, dass eine längere Lebensarbeitszeit notwendig ist oder größere Abschläge in der Festsetzung der Altersversorgung als notwendiges Übel akzeptiert werden müssen, ist zu kurz gegriffen, denn eine anteilige Mitfinanzierung der Altersversorgung durch Steueraufkommen war und ist notwendig. Zudem ist die Bevorzugung von gewissen partikularen Interessen, wie selbstständigen Freiberuflern und Beamten, überholt und ungerecht. Es ist notwendig, dass für die Altersversorgung der Bevölkerung das ganze Volk aufkommen muss. Auch hier haben sie es versäumt, Eckpunkte für ein neues Konzept festzulegen.

Sie sind zehn Jahre Kanzlerin, aber sie haben nur minimale Verbesserungen in der Altersbetreuung angestoßen. Diese ist weder ausreichend, noch wird sie den Anforderungen gerecht. Die Bevölkerung wird älter und bedarf aufgrund von Gebrechen oder Abnahme der Fähigkeit zur Bewältigung von täglichen Aufgaben immer mehr Hilfe. Dies kann im Falle von Demenzkranken, deren Anzahl in den letzten Jahren explodiert ist und noch weiter steigen wird, die teilweise eine 24-stündige Betreuung benötigen, nicht mehr gewährleistet werden. Dieses Phänomen wird in unseren europäischen Nachbarstaaten besser und kostengünstiger behandelt. Die Betreuung eines Demenzkranken in Deutschland kostet das Dreifache wie die Betreuung des gleichen Demenzkranken in Frankreich. Die Betreuung Demenzkranker in Frankreich wird vom Staat geregelt. Ergeben sich Abweichungen zu den realen Kosten, so kommt der Staat dafür auf. Die Beteiligung der Kinder und Familien an den Kosten zur Betreuung ist auf einen symbolischen Wert zurückgefahren. Dies könnte auch in Deutschland durchgeführt werden, vorausgesetzt, dass ein Gesamtkonzept erarbeitet und umgesetzt wird. Ein Gesamtkonzept beinhaltet unter anderem auch die Finanzierung. Sie kann auch mit ungewöhnlichen Maßnahmen realisiert werden. Auch in diesem Punkt weigern Sie sich seit zehn Jahren geeignete Projekte anzustoßen.

10. Islamismus

Hinsichtlich des Islamismus bzw. dessen Bekämpfung haben Sie aus meiner Sicht versagt. Sie unterliegen dem Irrglauben, dass der von außen gesteuerte Islamismus in Europa allein mit rechtlichen oder militärischen Mitteln zu bekämpfen sei. Eine weitere Lebenslüge liegt in Ihrem Vertrauen an Teilnehmer dieses Konflikts, von denen Sie glauben, es seien Alliierte, sie sind allerdings Teil des Problems. Konkrete Beispiele definieren sich durch folgende Ausführungen: Der Islamische Dialog wird beherrscht unter anderem von der DTIP, die nichts anderes ist, als eine Organisation, die vom türkischen Staat gesteuert und finanziert wird. Angesichts der Islamisierung der Türkei mit leichter saudi-arabischer

Prägung muss man sich fragen, ob Sie die Brisanz der Themen verstanden haben. Sie weigern sich beharrlich, die Rolle Saudi-Arabiens in der Propagierung eines Islams des zwölften Jahrhunderts zu erkennen. Die saudi-arabische Regierung zwingt uns einen Kulturkampf auf. Sie vergessen, dass der Hauptgeburtshelfer der ISIS Saudi-Arabien ist. Sie wollen nicht sehen, dass Hauptgeldgeber und Helfer der Türkei Erdogans ebenfalls Saudi-Arabien ist. Sie wollen nicht sehen, dass ein „neues Geschäftsmodell" der Saudis in der alleinigen religiösen Vertretung der Moslems weltweit besteht. Denn die saudi-arabischen Herrscher haben verstanden, dass das Öl deren Macht nur zeitlich begrenzt absichert. Die saudi-arabischen Potentaten haben Gefallen daran gefunden, weltweit eine Rolle zu spielen. Der absehbare Verlust ihrer Macht treibt sie an. Sie haben nun genug Islamwissenschaftler als Berater. Die müssten Ihnen doch erklären können, wie und warum der Wahhabismus (dieser entstand durch Muhammed el Wahhab im 18. Jahrhundert) und damit der Salafismus so eine prägende Rolle bei den saudi-arabischen Herrschern spielen. Um diesen Verlust zu vermeiden streben die saudi-arabischen Herrscher das alleinige Vertretungsrecht aller Moslems auf der Welt an. Mit Medina und Mekka auf ihrem Territorium glauben sie, dass sie berechtigt sind, die „richtigste" Auslegung des Islam (Sunnitische Richtung) zu vertreten. Daher die heutigen Auseinandersetzungen mit dem Iran, der ebenfalls glaubt, die „richtigste" Auslegung des Islam (schiitische Richtung) zu vertreten. Diese Auseinandersetzung wird mit ideologischen und kriegerischen Mitteln geführt. (Ursache deren Einmischung im Syrien-Konflikt).

Etliche französische Islamwissenschaftler und Arabien-Experten sind der festen Meinung, dass die Bekämpfung des islamisch religiösen Terrors weltweit, insbesondere im Nahen Osten und in Europa mit Waffen und Repressionen nicht erfolgreich sein kann. Vielmehr müssen wir uns auf einen Krieg der „Zivilisationen" einlassen können. Diese ideologische Auseinandersetzung ist mühsam, kostenintensiv und bringt kaum Wählerstimmen ein. Das Volk muss jedoch frühzeitig auf diese mögliche Auseinandersetzung vorbereitet werden. Dies haben Sie bis jetzt tunlichst vermieden. In Anlehnung an Gilles Kepel bin ich felsenfest davon überzeugt, dass Sie ohne Konzept einen am 21. Jahrhundert orientierten Islam in Deutschland nicht verwirklichen werden können. Damit verbunden ist, dass ohne ideologische Auseinandersetzung mit dem „harten" Islam kein moderater Islam erreicht werden kann. Bedenken Sie, dass sich immerhin 8% der deutschen Bevölkerung zurzeit zum Islam bekennen. Die Hälfte davon gehört jedoch zu einem äußert konservativen Islam, dessen Abgrenzung zum Islamismus äußerst schwammig ist. Diese Art von Islamismus stellt die Grundfundamente unserer Gesellschaft in Frage, denn durch die äußerliche Abgrenzung (Verschleierung, Kopftuch usw.), insbesondere von Frauen, bezieht dieser Teil der Bevölkerung offen Position gegenüber unseren Grundwerten und damit gegenüber unseren Gesetzen. Bedenkt man die inflationäre Zunahme von Kinderehen sowie die Entstehung von Parallelgesellschaften und parallelen Gerichten, müssen Sie harte Maßnahmen und Vorbereitungen ergreifen. Selbst zu dem Preis, dass man nicht beliebt bleibt und in dieser überlebenswichtigen Phase haben sie versagt.

11. Innere Sicherheit

Ich fühle mich als Bürger dieses Landes im letzten Jahrzehnt in Deutschland nicht mehr sicher. Dabei lebe ich in einem bürgerlichen Milieu mit einem bürgerlichen Beruf, habe keinerlei kriminelle oder pseudokriminelle Verbindungen und trotzdem fühle ich mich bedroht in meinem Eigentum, denn selbst in gut-bürgerlichen Wohnorten steigt die Zahl an Eigentumsdelikten inflationär an. Man nennt

Eigentumsdelikte „einfache Delikte". Was bedeutet das, wenn Sie abends nach Hause kommen und obwohl Sie ihre Wohnräume abgeschlossen haben, Fremde eingedrungen sind und ihre intimsten Sachen durchwühlt haben, Teil Ihres Eigentums, das mit vielen Erinnerungen verbunden ist, entwendet haben, einen gewissen Vandalismus hinterließen und von einer oft überforderten Polizei mit Achselzucken verabschiedet wird? Was heißt das, wenn Ihre Frau mit Tränen in den Augen und panisch Sie um einen Rat bittet, den Sie nicht geben können? Was heißt das, wenn Sie von den Polizisten keine Hoffnung gemacht bekommen? Was heißt das, wenn Sie sich mitten in der Nacht auf Notpläne einlassen müssen? Was heißt es denn, wenn Sie von Ihrer Kanzlerin hören, dass dies eigentlich normal ist und es der Preis der Globalisierung sei, dann müssen Sie sich fragen, wessen Interesse diese Kanzlerin eigentlich vertritt. Ich habe mich oft gefragt, ob ich für meine Familie irgendwie privat vorsorgen sollte, andererseits bezahle ich Steuern für das Versprechen des Staates, eine gewisse staatliche Leistung zu erhalten. Unter die Leistungen fallen der Schutz meiner Unversehrtheit sowie der Schutz meiner Güter. Dies kann aber der Staat, sei es der Bund, seien es die Länder, heutzutage nicht mehr gewährleisten. Mit Ihrem Glauben, dass der Staat stets an seinen Bediensteten sparen muss. Als Ökonom kann ich darüber nur lachen. Denn ein sicherer Staat ist eine Voraussetzung für das Engagement ausländischer Investoren. Es kann nicht sein, dass Italien mit seinen 60 Millionen Einwohner über 60.000 Polizisten mehr hat als Deutschland. Es kann nicht sein, dass unsere Frauen sich abends nicht mehr auf die Straße trauen. Es kann nicht sein, dass ausländische Mitbürger unsere Frauen unbestraft belästigen können (Kölner Silvesternacht).

Bedenkt man, dass der Altersdurchschnitt der Polizisten in NRW über 45 Jahren liegt, muss ich mich fragen, was die Innenminister der letzten 20 Jahre eigentlich gemacht *haben. Ich kann einem 50jährigen Polizisten nicht die Verfolgung von Dieben oder Taschendieben zumuten, denn er ist nicht in der körperlichen Verfassung das zu tun. Bedenkt man, dass außerdem über 40% der Arbeitskraft aller Polizisten für den Verwaltungsbereich benötigt wird, muss ich mich fragen, wie effektiv die Organisation der Polizei ist. Dies stellt in keiner Weise eine Kritik an den einzelnen Beamten dar. Dies geht vor allem an die Innenministerien der Länder und des Bundes. Bedenkt man dabei auch, dass die Überwachung und Bekämpfung von Staatsgefährdern ebenfalls Aufgabe der Polizei ist, so muss ich mich als Bürger dieses Landes fragen, ob meine Kanzlerin je verstanden hat, wieviel Sprengstoff diese Thematik beinhaltet. Wenn man zusätzlich bedenkt, dass zur Überwachung jedes Gefährders laut Gewerkschaft der Polizei 25 bis 30 Beamte benötigt werden und dass man von insgesamt ca. 1500-2000 Gefährdern ausgehen muss, frage ich mich, wo diese zusätzlichen Stellen sind. Eine Verjüngung der Polizei, d.h die Einstellung von erheblich mehr Personal in allen Ländern und im Bund, ist eine nicht mehr aufschiebbare Aufgabe. Dafür müsste jedoch ein Gesamtkonzept über die Sicherheit erstellt werden, was wiederum fehlt.*

12. Justiz

Als Bürger dieses Landes schleicht sich in mir das Gefühl ein, dass wir immer mehr eine Justiz der Täter haben. Es liegt in der Macht der Justizministerien die Kriterien zur Auswahl und Einstellung von Richtern und Staatsanwälten festzulegen. Verschiedene Soziologen haben festgestellt, dass wir zurzeit in der westlichen Hemisphäre eine „Soziologie des Verständnis" haben. Dies ist laut ihrer Meinung äußerst gefährlich, da sie in den meisten Fällen die Täter in den Vordergrund stellt und nicht die Opfer. Insbesondere die Jugendjustiz basiert auf der Resozialisierung. Dies kann aber zu verheerenden Wirkungen für den Glauben an die Justiz führen. Dies kann zur Folge haben, dass ein Teil der Bevölkerung zur Selbstjustiz greifen will. Es kann nicht angehen, dass die Polizei mit sehr großen Kosten und Mühen ermittelt, damit ein Staatsanwalt oder Richter die Ergebnisse als unzureichend bewertet. Unabhängigkeit der Richter ist zwar wichtig, aber es darf nicht dazu führen, dass das Gesetz willkürlich ausgelegt wird. Denn ungerechte Urteile führen unweigerlich zur Ablehnung des ganzen Staatswesens. Es kann nicht sein, dass sich Richter wie „Götter in schwarz" verhalten. Es kann nicht sein, dass das Jurastudium sehr oft die Studenten völlig von der Realität entfernt. Die Justiz ist für die Menschen gemacht und nicht die Menschen für die Justiz. Wenn moralische Grundsätze ihren Niederschlag nicht mehr in Gesetzen und im Verhalten der Richter finden, so ist es nur eine Frage der Zeit, bis Parallelgesellschaften entstehen. Wer von Anfang an Rachegefühle der Betroffenen als lächerlich darstellt, muss mit der Folge leben, dass Selbstjustiz zum Tragen kommt. Ich frage mich sehr oft: Warum muss immer der Staat die Schuld des Täters beweisen und nicht die Umkehr der Beweislast seitens der Täter getragen werden? Ein konkretes Beispiel dazu: In der letzten Zeit werden in verschiedenen Großstädten illegale Autorennen verabredet, bei denen Unschuldige zu Tode kommen. Die Beschuldigten kamen ausnahmslos mit glimpflichen Strafen davon. Wieso kann es in diesem Fall nicht möglich sein, dass die Fahrer ihre Unschuld beweisen und nicht der Staat deren Schuld? Davon abgesehen besteht in vielen Fällen die Unmöglichkeit für den Staat, Schuldverhalten nachzuweisen aufgrund von Verjährung oder aufgrund von unsicheren Zeugen, usw. Auch hier ist ein Konzept zur Weiterentwicklung und Verbesserung der Justiz nicht in Sicht.

13. Wohnungsbau

Wenn man die von Ihnen zu verantwortende Wohnungspolitik anschaut, muss man sich über das Ausmaß *der Heuchelei in der Diskussion wundern. Auch hier muss man feststellen, dass Sie weder Vorstellungen noch Konzepte haben. Sie haben genügend Berater, die Ihnen folgende Grundsätze erklären könnten:*

(1) Einer der Hauptkosten Verursacher des Bauens ist der Staat.

- *Die Grunderwerbssteuer*

- *Die Erschließungskosten (eigentlich bezahlt der Bauherr über sonstige Steuern diese Kosten bereits). Es interessiert nicht in welche Taschen die Kosten fließen, sei es beim Bund oder beim Land.*

- *Die inflationäre Zunahme der Bauvorschriften - Immer mehr Bauvorschriften erhöhen die Kosten erheblich. Laut Baukostensachverständigen sind sie in den letzten zehn Jahren um über 40% gestiegen.*

- *Die Kosten für die Verwaltung und der Ärger mit dem Bauordnungsamt*

(2) Kostentreiber sind hier wiederum die Vorschriften. Das Mietrecht hat sich in den letzten zehn Jahren so erschwert, sodass kein Vermieter ohne die ständige Beschäftigung von Rechtsberatern auskommen kann. Gesetzgebung und willkürliche Urteile führen dazu, dass nicht weniger, sondern mehr Rechtsstreitigkeiten zwischen Mietern und Vermietern auftreten. Eine einseitige Presseausrichtung zugunsten (insbesondere des Ersten und Zweiten Fernsehens) der Mieter, indem ein Feindbild des Vermieters aufgebaut wird. Eine inflationäre Anforderung des Mieters an die Qualitätssteigerung des Wohnens, ohne jedoch den notwendigen Preis zu bezahlen, fördert die Entwicklung, dass immer weniger Investoren bereit sind, in kostengünstige Mietobjekte zu investieren. Bei einer Rendite von Mietobjekten, auch von hochwertigen und hochpreisigen Mietobjekten, von 3-4% scheuen sich viele Investoren noch in

Mietobjekte zu investieren, allein aus dem Grund von rechtlichen Auseinandersetzungen. Wenn gleichzeitig die Abschreibungssätze zu niedrig sind, wie in Deutschland, so darf man nicht verwundert sein, dass Investoren sich zurückhalten, und wenn immer mehr Geld in Immobilien im Ausland fließt. Betriebswirtschaftliche Argumente zählen weder bei den Mietern noch bei deren Unterstützern noch bei den Politikern, die mit dem Wohnungsbau betraut sind. Dies frustriert Vermieter und lässt ihre Neigung zur weiteren Investition gen Null gehen. Hier wäre ein Gesamtkonzept zur Wohnungsbauförderung vonnöten. Stattdessen werden sporadisch Pseudomaßnahmen ergriffen und repressive Maßnahmen gegen die Preisentwicklung in der Vermietung, die jedoch ohne Erfolg bleiben werden. Zudem verschweigt die Politik, dass der gesamte kumulierte Steueranteil der gesamten Baukosten eines Hauses zurzeit bei 45% liegt. Auch hier sind Sie sich selbst treu.

14.   Afrika

Auch hier hat Ihre 10-jährige Regentschaft für Afrika nichts Gutes gebracht. Dabei könnten Sie mit dem Entwicklungsminister Müller einen erstklassigen Helfer haben. Jeder der sich mit Afrika befasst, kommt nicht umhin, folgende Gesichtspunkte zu betrachten.

(1)   der Bevölkerungszuwachs für Afrika für die nächsten 20 Jahre (überschaubarer Zeitraum)

(2)   das Problem des Wassers (von Wassergewinnung, Transport, Reinigung)

(3)   die Qualifizierung junger Afrikaner und die Schaffung von Arbeitsplätzen

(4)   die Abschottung der europäischen Märkte für afrikanische Produkte

(5) die Eindämmung von Korruption und die Stabilisierung von politischen Systemen (die nicht unbedingt lupenreine Demokratien à la Nordeuropa sein müssen).

Zu (1)

Betrachtet man, basierend auf den Zahlen des Instituts für Weltbevölkerung, die eher konservativ berechnet sind, so muss man davon ausgehen, dass in 2035 in Afrika ein Anstieg von jetzt 1,3/1,7 Mrd. auf 2,5-2,6 Mrd. Menschen stattgefunden haben wird. D.h. eine Verdoppelung der Bevölkerung.

Diese Zahlen sind äußerst realistisch, denn sie spiegeln lediglich die Fortschreibung der heute schon Geborenen. Betrachtet man die Altersverteilung der Bevölkerung, so sind die Zahlen noch pessimistischer, denn über 50% der Bevölkerung werden unter 30 Jahren sein. Diese Zahlen decken sich mit der erheblichen Verschiebung der Weltbevölkerung bereits in 2030: Die gesamte Weltbevölkerung wird dann ca. 8,5 Mrd. Menschen betragen, davon leben in den Entwicklungsländern ohne China 5,8 Mrd. und in den ärmsten Ländern 1,4 Mrd. Diese Zahlen zeigen die alarmierende Entwicklung, die auf Europa zukommen wird. Bedenkt man, dass 80% der ärmsten Länder der Welt sich in Afrika befinden, so erhöht sich die Brisanz der Zahlen. Bedenkt man gleichzeitig, dass die Nahrungsproduktion weltweit diesem Schritt nur sehr bedingt folgen kann, so muss man mit erheblichen sozialen Unruhen, Kriegen und letztendlich Massenmigrationen rechnen. Allein die Ausbildung dieser Bevölkerungszuwächse fordert gigantische Investitionen in den Ländern. (Geschätzte 20-40 Mrd. USD.)

Zu (2)

Betrachtet man, parallel zu dem Bevölkerungszuwachs, die ständige Ausbreitung der Wüsten, so sind zurzeit die

Wüsten in Afrika flächenmäßig so groß wie die USA incl. deren Inneren Seen. Schreibt man die jetzige Entwicklung der Wüsten fort, so wird die Wüste in Afrika so groß sein, wie die Flächen der USA und Kanadas zusammen. D.h. aber auch, dass der Wassermangel dramatisch zunehmen wird. Dies wird automatisch zum Ergebnis haben, dass Kriege und Bürgerkriege um Wasser geführt werden. Als Beispiel dient die Entwicklung in Ägypten. Ägypten wird 2035 bei geschätzten 150 Mio. Einwohnern sein. Die einzige nennenswerte Quelle zur Bewässerung, Wasserversorgung und Nahrungsmittelproduktion ist der Nil. Bedenkt man gleichzeitig, dass die Baumwollproduktion überproportional Wasser verbraucht und dass Ägypten darauf angewiesen ist, soviel Baumwolle wie möglich zu exportieren, um damit den Import von Getreide zu bezahlen (also reine Nahrungsmittel), so sind soziale Konflikte unabhängig von dem politischen System nur eine Frage der Zeit. Werden jedoch politische Unruhen ausbrechen, so wird dies automatisch Massenmigration zur Folge haben. Will man jedoch zumindest die Migration steuern können, so muss Europa- ob es will oder nicht - gigantische Marshall Pläne (ohne Hintergedanken) aufsetzen. Im Übrigen wollen die USA bis 2020 immerhin rund 50 Mrd. USD in Afrika investieren. Eine Chance besteht darin, dass man kostengünstige Verfahren zur Meerwasserentsalzung entwickelt und den dortigen Ländern schenkt.

Ihre Show, Mali, Niger und Äthiopien in 3 Tagen zu bereisen, hat unter den Fachleuten nicht mal ein müdes Lächeln ausgelöst. Hören Sie auf, eine Show zu spielen und fangen Sie wenigstens an, ernsthafte Konzepte anzustoßen.

Zu (3)

Deutschland ist ein Land, das bis jetzt im Vergleich zu anderen Ländern am wenigsten in die Bildung junger Afrikaner investiert hat. Dabei kostet ein Ausbildungsplatz und der Aufbau von Schulen in einem afrikanischen Land der Sahel-Zone oder in Schwarzafrika pro Jahr weniger als 800€ pro Kopf. Europa und insbesondere Deutschland haben eine alternde Gesellschaft. Sie werden von zurzeit ca. 600 Mio. auf ca. 500 Mio. in 2035 schrumpfen. Dabei nimmt der Altersdurchschnitt zu, über 50% der Bevölkerung wird älter als 50 Jahre sein. Allein um diese Lücke zu füllen, würde Europa den Bevölkerungsstatistikern zufolge in 2035 ca. 120 Mio. Einwanderer benötigen. Selbst dann, wenn man diese Zahl äußerst restriktiv betrachtet und einen 30%igen Abschlag ansetzt, werden es immer noch mindestens 90 Mio. sein. Diesen Migrationszuwachs muss Europa aber selber auswählen dürfen. Dies wird nicht möglich sein, wenn unkontrollierte Massenmigration stattfindet. Dies setzt jedoch voraus, dass Europa und vor allem Deutschland endlich ein Konzept zur Einwanderung beschließen und ein Ministerium für Migration in jedem Land eingerichtet wird. Dies haben Sie bis heute mit aller Macht verhindert. Im Übrigen ist Deutschland seit den 60er Jahren ein Migrationsland. Zu dem zu entwickelnden Konzept gehört eine behutsame Aufklärung der Bevölkerung, die dies instinktiv spürt und Angst vor dieser Entwicklung hat. Hier haben Sie in Bezug auf die Kommunikation mit der Bevölkerung total versagt.

Zu (4)

Mit Abschottung der europäischen Märkte für afrikanische Produkte erzeugen Sie erhebliche Arbeitslosigkeit in Afrika. Es kann nicht angehen, dass deutsche tiefgefrorene Hühner, mit erheblichen Subventionen versehen, (Steuergelder der deutschen Bürger) nach Afrika exportiert werden und dort für einen Bruchteil des Preises von frischem Hühnerfleisch auf den Märkten verkauft werden. Es kann nicht angehen, dass Altkleidersammlungen nach Afrika exportiert werden und dort auf den Märkten erheblich billiger sind als die in Afrika hergestellten Textilien. Es kann nicht angehen, dass

Bulgarien und Rumänien Textilien im afrikanischen Design (geistiger Diebstahl bei afrikanischen Künstlern?) herstellen und mit europäischen Subventionen versehen in Afrika billiger verkaufen als die dort hergestellten Teile. Es kann nicht angehen, dass landwirtschaftlichen oder Halberzeugnissen technischer Art der Zugang zu den europäischen Märkten verwehrt wird, mit der Begründung, dass dies Arbeitsplätze in Europa kosten könnte. Wie sollen sich kleinste und kleine Unternehmen in Afrika entwickeln, wenn sie nicht die Chance haben, ihre Produkte im reichen Europa zu verkaufen. Wie sollen diese Unternehmen Werkzeuge und Werkzeugmaschinen bei uns kaufen, wenn ihre Länder kaum Devisen besitzen. Wie sollen diese Länder Infrastrukturprojekte finanzieren, wenn sie keine langfristigen zinslosen Kredite erhalten. Wir dürfen nicht unsere wirtschaftlichen und politischen Modelle in diese Länder exportieren wollen, denn dies hat nach meinen persönlichen Erfahrungen in Afrika nie einen Erfolg.

Zu (5)

Die afrikanischen Eliten, seien es politische oder wirtschaftliche, werden zum größten Teil in Europa ausgebildet, sei es in Belgien, Frankreich, England, Italien, Deutschland. Es ist ein Unding, dass man während dieser Ausbildungszeiten nicht eine Grundlage für Wirtschafts- und politische Ethik vermitteln kann. Ich bin jedoch sehr skeptisch, dass diese Grundlagen jemals ausreichen würden, um das Verhalten der Betreffenden nachhaltig zu verändern. D.h. wir müssen dafür Sorge tragen, dass die Zahlung von Bestechungsgeldern, was immerhin in Deutschland noch bis vor kurzem steuerlich absetzbar war, unter Strafe gestellt wird. Es kann nicht angehen, dass Gelder von Diktatoren oder hohen afrikanischen Beamten ohne jegliche Prüfung in Europa privat angelegt und investiert werden können. Wenn ich als deutscher Staatsbürger ein Eigentum erwerbe, so fragt mich der Notar nach der Herkunft des Geldes. Wieso wird das gleiche Maß nicht auf afrikanische Würdenträger angelegt. Hier leistet Transparency International eine erstklassige Arbeit zur Aufdeckung des Korruptionsverhaltens. An diese Thematik haben Sie sich noch überhaupt nicht herangewagt - warum auch immer.

Betrachtet man die Situation in Afrika so muss ich aus meiner Sicht feststellen, dass Sie in den letzten 10 Jahren kaum Fortschritte in der Sicht auf den Kontinent, geschweige denn eine moderne konzeptionelle Vorgehensweise entwickelt haben, um das Leid der Afrikaner zu mildern.

15. Die Besteuerung von großen internationalen Unternehmen

Betrachtet man das Auftreten Ihres Finanzministers und Sie selbst hinsichtlich der Besteuerung von internationalen Unternehmen so muss man als Außenstehender den Eindruck gewinnen, dass Sie eher die Vermeidung von weltweit agierenden Großunternehmen und diese eine „Optimierung" keinerlei Steuern bezahlen. Nach so vielen Jahren der Verhandlung aller Staaten ist ein halbwegs brauchbares Ergebnis erzielt worden, welches Sie aber torpediert haben, warum auch immer. Selbst die USA waren bereit, den Kompromiss mitzutragen. Es kann nicht angehen, dass Unternehmen wie Apple, Microsoft, Alphabet (Google), Starbucks u.a. und auch deutsche Konzerne in Deutschland keine Steuern zahlen. Es kann nicht angehen, dass kleine Handwerker mehr Steuer zahlen als große Unternehmen. Unabhängig von der Steuerungerechtigkeit versucht Ihr Finanzminister das fehlende Steueraufkommen auf die restlichen Steuerzahler umzulegen. Das Argument, dass, wenn man diese Unternehmen besteuern würde, diese ihre Arbeitsplätze verlagern würden, kann man entkräften, indem man die Produkte dieser Firmen ächtet und verbietet. Dies hat zur Folge, dass der Börsenwert dieser Unternehmen *leidet, dies kann sich aber kein Vorstand und Aufsichtsrat leisten. Es kann nicht angehen, dass Beteiligungsfonds Vorstände dazu zwingen, Ausschüttungen zu erhöhen zu Lasten der Investitionen. Von Ihnen habe ich bis heute nichts gehört, von Ihrem Finanzminister auch nicht. Entweder haben Sie Angst vor politischen Repressionen oder Sie sind nicht in der Lage, Ihren Schwur „zum Wohl des deutschen Volkes" zu halten.*

16. Fazit

Betrachtet man alle Punkte, die ich bisher aufgeführt habe, und analysiert man Ihre 10-jährige Amtszeit, so muss ich leider feststellen, dass Sie den Erwartungen, die bei Ihrem Amtsantritt vorhanden waren, in keiner Weise gerecht geworden sind. Sie haben mehr oder weniger einen Zustand verwaltet, mal schlecht mal recht, und dadurch eine gewisse Beliebtheit bei einem Teil der Bevölkerung erreicht. Zudem haben Sie die Legende aufgebaut: Liebes Volk, denke nicht, Mutti Merkel sorgt für alles. Sie haben sich damit schuldig gemacht, indem Sie das Volk nicht auf kommende ernste Herausforderungen vorbereitet haben. Sie brauchen ja nicht alle die oben genannten Probleme zu lösen, aber deren Bearbeitung wenigstens anzustoßen. Insoweit teile ich die Meinung von namhaften europäischen Politologen und Ökonomen. Sie sind für Deutschland zurzeit die falsche Frau an der falschen Stelle und zum falschen Zeitpunkt. Unbesehen davon sind Ihre Qualitäten, die ich nicht bestreiten will. In meinen Ausführungen war meine Absicht in keiner Weise, Sie persönlich anzugreifen. Mein Ziel war nicht, über Sie zu schreiben, aber meine kritische Würdigung an Sie zu richten.

14.2.3 Offener Brief an die SPD

An die Führung der SPD

Ich habe als Student 1969 für Willy Brandt Wahlplakate geklebt, ich war anschließend über zehn Jahre Mitglied der SPD und ich habe die Partei verlassen, da sie sich weigerte, sich selbst zu erneuern. Ich fühle mich trotzdem weiterhin gebunden zu den alten Werten der SPD, die leider von Euch auf das Schrecklichste vergessen werden. Meine Ex-Partei hatte mehrmals die Chance gehabt an die Macht zu gelangen. Dass sie sich eine zweite große Koalition geleistet hat, stellt in meinen Augen einen Verrat an der Partei da. Dass die SPD große Kanzler wie Helmut Schmidt und sogar Gerhard Schröder im Regen stehen ließ, ist für mich bis heute nicht verständlich. Die Machtgeilheit und die Lust am Regieren waren größer, als sich in einer Opposition zu regenerieren. Das Koalieren mit der CDU war weder durchdacht noch kritisch beleuchtet. Als Ergebnis dieser Koalition, obwohl die SPD die meisten schwierigen Aufgaben übernommen und relativ ordentlich gelöst hat, erfolgte die Reduktion der Partei auf 20% Wählerstimmen. Daraus hat die Partei aber scheinbar nicht gelernt und ist mit der CDU (Frau Merkel) ein zweites Mal eine Koalition eingegangen. Und wiederum hat die SPD eine relativ vernünftige Arbeit geleistet und wiederum stagniert die Partei bei 20% (21-23%). Diese Abstimmung der Mitglieder ist in meinen Augen ein reines Feigenblatt. Die SPD in ihrem jetzigen Zustand ist keine Volkspartei mehr, auch wenn die Führung der Partei dies vehement abstreitet. Sie hat sich entfernt von der Arbeiterklasse und dem Kleinbürgertum bzw. Kleinunternehmern und sich entwickelt als eine sozialdemokratische CDU (Merkel-CDU), die für alles und nichts steht. Merkmal dieses Zustands ist für alles und nichts zu stehen. Die hilflosen Bemühungen der Führung der SPD wirken unglaubwürdig. Die ständigen Wiedersprüche in der Kommunikation erzeugen ein verheerendes Bild insgesamt und bei den SPD-nahen Wählern. Mitglieder einer Partei mögen wichtig sein, aber sie sind nicht maßgebend für ihr Überleben: Die SPD hat ca. 500 000 Mitglieder und ihre Wählerschaft dürfte bei 15 Millionen liegen. Viele der früheren Wähler der SPD sind Nicht-Wähler geworden oder wählen nun die AfD. Die heutige SPD hat oder zeigt keine alleinstehenden Merkmale, die nur für sie gelten, geschweige denn ein Zukunftskonzept. Für mich stellt sich die Frage: Was will die SPD mit Deutschland in fünf, zehn oder 15 Jahren machen. Visionäre Führungsmitglieder der SPD fehlen vollständig. Dies hat aber früher gerade den Reiz der SPD ausgemacht.

Um auf das Parteiprogramm zu verweisen: Welcher normale Bürger macht sich die Mühe ein Parteiprogramm zu lesen und zu verstehen? Der Hinweis auf die Existenz eines solchen Programms ist lediglich ein Alibi. Fragen, die die Zukunft dieses Landes beherrschen, besonders die Altersversorgung betreffend, werden vernachlässigt. Bedenkt man, dass zur Zeit mehrere Millionen Menschen unterhalb des Rentenalters von HARTZ IV leben, findet man bei der Parteiführung keine Antwort auf die aufkommende Altersarmut.

Teile der Parteiführung halten noch an der Idee von fossiler Energie fest, wohl wissend, dass die Zeit ebendieser vorüber ist. Der wirtschaftliche Niedergang Nordrhein-Westfalens, insbesondere des Ruhrgebiets, ist bei aller Sympathie zu meiner Ex-Partei, ihr anzulasten. Die SPD hat hier die letzten 40 Jahre regiert, mit verheerenden Ergebnissen. Nordrhein-Westfalen ist in vielen Rankings, das heißt, in Vergleichen mit anderen Ländern, oft Schlusslicht, obwohl es einmal eine der Vorzeigeregionen Deutschlands war.

Frau Kraft, Sie regieren NRW seit 2010. Sie waren für mich am Anfang eine Hoffnung, da ich im Glauben war, eine SPD-

Frau mit wirtschaftlichen Kenntnissen zu sehen. Ich muss feststellen, dass ihre bisherige Bilanz aus Sicht eines früheren SPD-Mitglieds mehr als verheerend ist. Ihre Ergebnisse sind sogar schlechter, als die von der Kanzlerin. In der gesamten Wirtschaftsentwicklung der letzten Jahre liegt NRW unter dem Durchschnitt der Bundesländer. Die Schulpolitik ist nicht viel besser, die Verwahrlosung der Städtenimmt zu, insbesondere im Ruhrgebiet (Gelsenkirchen, usw.) haben die Städte die Durchschnittsqualität einer Stadt in einem Entwicklungsland. Die HARTZ-IV-Empfänger im Ruhrgebiet haben die 30%-Marke überschritten. Der größte Teil der Städte in NRW ist konkursreif. Manche dieser Städte müssen sogar notverwaltet werden. Die Verschuldung dieser Städte basiert zum größten Teil auf der Verpflichtung der Städte HARTZ-IV usw. zu finanzieren. Städte in ganz NRW können nur sehr bedingt in ihre Infrastruktur investieren. Die Schulen sind baulich teilweise in besorgniserregendem Zustand. Die Integration von großen Teilen von Kindern nicht-deutscher Herkunft ist verheerend. Hinsichtlich der subjektiven und objektiven Sicherheit haben Sie total versagt. Die Ereignisse der Silvesternacht von Köln sind lediglich die Spitze des Eisbergs oder ein Symptom. Das Durchschnittsalter unserer Polizisten und deren Anzahl sind mehr als kritikwürdig. Zudem kommt eine Feigheit hinzu, sich den Problemen zu stellen. Ich darf Sie an Ihr Verhalten im Nachgang der Silvesternacht 2015/2016 erinnern. Ihren scheinbar ständig überforderten Innenminister vorzuschicken gehört sich nicht. Als Ex-SPD-Mitglied muss ich mich fast schämen, dies zur Kenntnis zu nehmen. Die neoliberale Vorgehensweise zur Verwaltung der Finanzen des Landes ist mehr als problematisch, denn sie stellt die notwendigen Investitionen des Landes in Frage. Die innere Sicherheit des Landes, die Forschung, die Ausbildung, die Energieversorgung und die Umwelt sind seit sechs Jahren sträflich vernachlässigt. Es kann nicht angehen, dass unsere Frauen sich abends nicht mehr auf die Straße wagen, belästigt werden, oder dass in unsere Häuser überdurchschnittlich oft eingebrochen wird, oder dass die Zahl der Islamisten in den Großstädten Ihres Landes inflationär ansteigt, denkt man an Städte wie Bonn (Bad Godesberg), Düsseldorf, Köln und Dortmund. Es kann nicht angehen, dass eine sozialdemokratische Frau, Mitglied einer Partei, die für die Erlangung der Rechte der Frauen in ihrer Vergangenheit einen harten Tribut zollte, Verständnis zeigt für einen politischen Islam, in dem Frauen sich durch das Tragen von Kopftuch und Burka manifestieren, mit der Begründung, dass diese Auslegung des Islams über dem deutschen Grundgesetz steht. Es kann nicht angehen, dass in unserem Bundesland die Zahl der Kinderehen steigt und das geduldet wird. Es kann nicht angehen, dass sich neben unserer Justiz eine Paralleljustiz entwickelt, die jegliche Kontrolle des Staates unterläuft. Sie produzieren mit Ihrer Politik des Verständnisses Parallelgesellschaften, die nur mit äußerstem Aufwand wieder aufzuheben sind. Es kann nicht angehen, dass Sie zulassen, dass ausländische Staaten (Saudi-Arabien und Türkei) ihren Einfluss auf unsere Gesellschaft steigern. Es kann nicht angehen, dass bei unseren Richtern eine „Täter-Justiz" betrieben wird und die Opfer vergessen werden. Es kann nicht angehen, dass Forscher unser Land verlassen, weil sie sich durch das Wissenschafts-Ministerium in Düsseldorf gegängelt fühlen. Sie müssen nicht alle Probleme persönlich lösen, sondern nur die Lösung eben dieser anstoßen.

An Ihren Finanzminister gerichtet: Sehr geehrter Herr Borjans, ich muss mich wundern über Ihr Auftreten in so genannten „Polit-Sendungen" im Fernsehen, wenn sie gleichzeitig ihr Haus nur bedingt im Griff haben. Es kann nicht angehen, dass man zur Erlangung von Steuernummern drei bis sechs Monate warten muss, wenn man schriftstellerisch tätig werden will. Es kann nicht angehen, dass die Bearbeitungsdauer einer

Einkommenssteuererklärung zwischen drei und sechs Monaten dauert, es kann nicht sein, dass Sie gleichzeitig große Teile der Steuerbeamten befördert haben und wenn Sie schon eine Zufriedenheitsbefragung durchführen, sollte diese so aussehen, dass man Kritik formulieren kann. Ich lobe Sie für den Kauf der CD-ROMs, nur eins, Herr Borjans, ich vermisse Ihren Einsatz, die multinationalen Unternehmen, die auch in unserem Land sitzen, zu zwingen, endlich Steuern zu bezahlen. Auch wenn Sie nicht direkt Einfluss haben, können Sie über den Bundesrat unseren Bundesfinanzminister dazu bewegen, sich für diese Sache mehr einzusetzen.

Ein Fazit, Frau Kraft: Auch wenn sie mit 98,9 % (DDR-Zahlen) von den Mitgliedern der Partei gewählt wurden, haben Sie die letzten Jahre schlicht und einfach bei der Neuausrichtung unseres Landes versagt. Es tut mir persönlich für meine Ex-Partei unwahrscheinlich weh, mich bei den nächsten Wahlen zu verweigern.

Die oben ausgeführten Punkte sind bitte als Kritik eines alarmierten Bürgers anzusehen, der Angst hat, dass politische Rattenfänger sich in unserem Land breit machen. Ich beabsichtige keine der hier genannten Personen zu diffamieren oder zu beleidigen. Sollte dieser Eindruck entstehen, so möchte ich mich im Vorhinein entschuldigen.

14.2.4 Offener Brief an die Grünen

An die Grünen

Aus meiner Sicht verkörpert die Führung der Grünen Partei das Pharisäertum. Pharisäer sind all jene, die Wasser propagieren und Wein trinken. Schon bei Ihrer Entstehung haben Sie mit Ihrer propagierten freien Liebe sogar sexuelle Handlungen an Kindern zumindest toleriert. Dies war im Übrigen in Ihrer Partei ein Statut. Wenn Sie dies heute verleugnen, ist das Heuchelei. Eine weitere Heuchelei stellt der Einsatz und die Einstellung von Frau Göring-Eckart dar. Bei der Einführung von HARTZ IV hat sie sich dafür stark gemacht und heute beklagt sie die daraus resultierende Altersarmut. Obwohl sie die im Vergleich zur einheimischen Bevölkerung zu „freigiebige Hilfe" für Flüchtlinge propagiert, nimmt sie billigend in Kauf, dass Neid und Rassismus entsteht. Die von Ihnen propagierte Willkommenskultur nimmt keine Rücksicht auf subjektive und objektive Ängste der Bevölkerung, obwohl Sie vorgeben, das Interesse dieser Leute zu vertreten. Sie nehmen zu jedem Bereich Stellung mit dem Anspruch, eine moralisch-kirchliche Befähigung zu haben. Ich würde gern wissen, ob man mit einem abgebrochenen Theologie-Studium sich anmaßen darf, die ethischen Regeln für ein Volk festzulegen. Sie sind über 30 Jahre in der Politik, das heißt nichts anderes als dass Sie Berufspolitikerin sind. Wenn sie die Regeln der Demokratie richtig verstanden hätten, hätten Sie schon längst für Ihren Wechsel gesorgt. Wenn Sie politisch mitspielen wollen, dann vermengen Sie bitte nicht mehr Ethik und Politik. Dann wären Sie nicht so schnell unglaubwürdig, wie Sie es gerade geworden sind. Hauptproblem der Grünen ist stets der moralische Zeigefinger an die Bevölkerung und ihr gleichzeitiges Zutun in der praktischen Politik. Diese Widersprüche sind manchmal so gravierend, dass dies bei einem Teil der

Bevölkerung ein äußerst aggressives Verhalten hervorruft. Der oberlehrerhafte Auftritt in allen Themen der Gesellschaft, obwohl Sie de facto ein bis zwei Themen Ihr Eigen nennen dürfen, steigert nicht gerade Ihre Glaubwürdigkeit. In allen Regierungen, in denen die Grünen waren, haben Sie stets mit Ihrer Politik eine erhebliche Belastung für große Teile der Bevölkerung bewirkt. Sie hören nicht die Meinung des Volkes und glauben sich auf ein intellektuelles Podest stellen zu können, das Ihnen nicht zusteht. Große Teil Ihrer Führungskräfte hat keinerlei Praxiserfahrung geschweige denn Berufserfahrung, aber richtet über das Verhalten der arbeitenden Bevölkerung. Ich kann beim besten Willen kein gutes Zeugnis über Sie ablegen, selbst in Ihren Kernfähigkeiten.

14.2.5 Offener Brief an die Medien

An die Presse und die Medien

Als ganz normaler Konsument von Presse und Medien seit über 40 Jahren muss ich eine besorgniserregende Abnahme der Qualität der Nachrichten und Berichte feststellen. Diese kritischen Anmerkungen gelten nicht den „kleinen" Journalisten oder dem „einfachen" Fernsehmitarbeiter, sondern ausschließlich den Führungskräften, seien es Chefredakteure, Mitglieder der Redaktionsleitung, Intendanten und Hauptstadtstudioleiter.

Laut Grundgesetz §21 tragen die Parteien zur Meinungsbildung bei. Das heißt, dass die Parteien nicht die Presse und die Medien beherrschen dürfen. Betrachtet man jedoch die Nominierung und Kontrolle der öffentlichen Fernseh- und Radioanstalten, so muss ich feststellen, dass man dort ohne Parteibuch nichts, aber wirklich nichts, werden kann. Insoweit ist bei der Nominierung auf diese

Führungspositionen der der Besitz eines Parteibuches notwendig. Das heißt, allein aus dieser Tatsache heraus gibt es in den einzelnen verschiedenen Fernseh- und Radioanstalten verschiedene parteipolitische Präferenzen. Dies lehne ich ab. Insbesondere wenn von Journalisten der Versuch gemacht wird, Ereignisse oder Entwicklungen einzuordnen und zu bewerten. Ich möchte sehen, dass die Information als möglichst reine Information ohne Zuschnitt und Manipulation der Bilder, ohne Bewertung, sei es in der Wortauswahl, sei es in Gesichtsausdrücken der Moderatoren oder der präsentierenden Person, vermittelt wird. Dies ist meiner Ansicht nach einer von mehreren Gründen, die an der Glaubwürdigkeit der Journalisten zweifeln lässt. Es kann nicht angehen, dass Länder und deren Führer, so schlimm sie auch sein mögen, nur negativ vorgestellt werden. Insbesondere in der Berichterstattung über den Ukraine-Krieg. Dies fordert selbst bei mir, und ich bin mit Sicherheit kein Putin-Freund, emotionalen Widerstand gegen die Medien.

Wenn man gleichzeitig Informationen über Nachbarländer und deren wirtschaftliche und soziale Entwicklung vorenthält, wie zum Beispiel in Berichten über Frankreich, einem unserer wichtigsten Nachbarn (wirtschaftlicher Niedergang, soziale Unruhen, Berichte über die politische Klasse des Landes, Gefahren für Frankreich und ihr Umfeld) muss man davon ausgehen, dass bewusst eine Beeinflussung vorgenommen wird. Dies verbitte ich mir, denn ich bin gezwungen diese Medien zu finanzieren. Es kann nicht angehen, dass Fernseh- und Radioanstalten kritische Meinungen der Bevölkerungen zur Politik, der Partei und ihren Persönlichkeiten als populistisch bewerten und ins Lächerliche ziehen, es kann nicht angehen, dass Fernseh- und Radioanstalten die Sorgen des kleinen Mannes nicht ernst genug nehmen und berichten, es kann nicht angehen, dass Medienanstalten sich zwar als vierte Instanz des

Staates ansehen und diese Aufgabe nicht wahrnehmen. Wenn sie sich rühmen solche Aufgaben zu übernehmen, dann müssen sie wenigstens eine kritische Begleitung der politischen Klasse vornehmen und nicht eine „komplizenhafte Kumpanei" mit den Politikern an den Tag legen. Es kann nicht angehen, dass neben diesen Medien eine parallele Kommunikationswelt entsteht, und dass Sie sich nicht fragen, welcher Fehler dazu fühlt, dass die Leute sich von Ihnen abwenden. Es kann nicht angehen, dass Sie nachweislich Informationen verschweigen und glauben, dass die Leute sich nicht anderweitig informieren können. Sie haben in den letzten zehn Jahren nicht einen einzigen wirklich kritischen Bericht über die Kanzlerin hervorgebracht. Sie versuchen mit pseudo-politischen Talks eine Verdummung der Massenbevölkerung zu erreichen, jedoch ohne Erfolg. Obwohl ich ein sehr politisch orientierter Mensch bin, ekelt es mich an, wenn ich die Sendungen von Frau Will oder Frau Illner anschaue. Diese Entwicklung wird für Sie nicht ohne Folgen bleiben, denn wen wollen Sie noch informieren, wenn immer mehr junge Leute sich auf anderen Wegen informieren, mit der Gefahr, dass Sie dort ebenfalls fremdgesteuert werden. Die moralische Keule, die Sie während der Willkommens-und-Flüchtlings-Kultur gegenüber kritischen Stimmen an den Tag legten, bringen Sie in die Nähe des DDR-Fernsehens. Die Tatsache, dass Sie in den letzten 40 Jahren, insbesondere in den letzten Zehn Jahren, äußerst minimal über die Länder Afrikas berichtet haben, oder dass Sie kaum oder überhaupt keine kritischen Berichte über so genannte befreundete Länder (wie Saudi-Arabien) gesendet haben, zeigt abermals, dass Sie der Ihnen anvertrauten Aufgabe nicht mehr gerecht werden. Die Nachrichten und Berichte sind zurzeit so mangelhaft, dass ich mich gezwungen fühle, ausländische Fernsehsender wie France2, BBC, usw. anzusehen, um eine gewisse „Objektivität" zu erreichen. Im Moment fahren die Journalisten nach dem Motto „alle Journalisten sind frei ihre

Meinung zu äußern und zu berichten, aber erstaunlicherweise ist die Meinung zu den gleichen Zeitpunkten und gleichen Themen immer gleich." Was die privaten Medienanstalten anbetrifft, bin ich sehr erstaunt zu erfahren, dass die Busenfreundinnen unserer Kanzlerin Frau Springer und Frau Mohn sind. Wenn dies der Fall ist, dann verstehe ich, warum die beiden Medienhäuser unserer Kanzlerin gegenüber so positiv gesonnen sind.

Ich warne jede Presseführungskraft davor, dass bei diesem anhaltenden Trend die Medien in dieser Form noch bestehen werden, aber sie von der Bevölkerung nicht mehr in Anspruch genommen werden („Lügenpresse", „Lückenpresse", „Die Nimmersatten", „Meinungsmacher", „Die Vierte Macht" und selbst „Unterwegs" oder „Gesehen, Gelesen und Geglaubt" oder „Mainstream oder warum wir den Medien nicht mehr trauen"). Ich hoffe, dass ich mit diesem kritischen kleinen Beitrag Ihnen die Meinung eines politisch interessierten Mitbürgers, der sich seine alte, kritische Presse wünscht, mitteilen konnte.

14.2.6 Offener Brief an die Justiz

An die Richter unseres Landes

Als Bürger dieses Landes beobachte ich seit 40 Jahren die deutsche Justiz und richterliche Urteile. Und ich muss auf folgende Probleme hinweisen:

- Selbst als studierter Mitbürger verstehe ich die Urteile eines Richters nicht. Ich muss mich eines Anwaltes bedienen, der mir die Begründung des Urteils beibringt. Bedenkt man, dass das Verstehen eines Urteiles und seine Begründung wesentliche Bauteile der Akzeptanz der Rechtsstaatlichkeit eines Landes sind, so muss ich die Qualität der juristischen Ausbildung in Frage stellen.

- Wenn ich manche Urteile sehe, sei es im Straf- oder Privatrecht, frage ich mich sehr oft, ob die Richter außer auf einer Meta-Ebene nicht mehr zum praxisorientierten Leben finden.

- Es fällt mir nicht schwer zu glauben, dass wir auf eine halbautomatisierte Justizindustrie zusteuern, wenn wir nicht schon mitten drin sind. Dabei spielen die Beteiligten und die Sache nicht die wichtigste Rolle, sondern eine Nebenrolle und das Wichtigste ist die Formalitäten der Prozessordnung im Auge zu halten und nicht den Rechtsfrieden herzustellen.

- Der Bereich der Ernennung von Sachverständigen bei Gericht ist äußerst undurchsichtig und mangelhaft. Es kann nicht angehen, dass Richter einfach bestimmte Sachverständige ernennen, ohne sich über die Qualität zu informieren, sei es im Sachwissen, sei es im Sozialverhalten der Sachverständigen. Ich beobachte die Branche seit über 30 Jahren und kam zu einem erschreckenden Ergebnis. Der größte Teil der heute eingesetzten Sachverständigen, sei es beim Familiengericht, sei es bei Bau- oder Mietrecht ist maßlos schlecht und darüber hinaus äußerst arrogant. Ich bin selbst Ökonom und muss mich über die Qualität der abgelieferten Gutachten häufig wundern. Diese mangelhaften Gutachten bilden jedoch die Grundlage der Entscheidungsfindung. Zwar besteht die Möglichkeit in einer höheren Instanz einen anderen Sachverständigen zu beantragen, dies hat aber automatisch die Kostenexplosion der Gerichtsverfahren zur Folge. Dazu kommt eine unnötige Länge der Verfahren. Dies steigert den Frust der Prozessbeteiligten immens, mit dem Ergebnis, dass immer mehr Teile der Bevölkerung sich eine „Paralleljustiz" suchen.

- Das Bestreben der Bundes- und Länderjustizministerien, eine Vereinfachung der Verfahren herbeizuführen, in dem der fachliche (also nicht formale) Schwerpunkt des Verfahrens in die ersten Instanzen übertragen wird, ist *theoretisch eine gute Sache. Wenn man aber die erste Instanz mit Berufsanfängern oder weniger qualifizierten Richtern besetzt, so ist eine deutliche Verschlechterung der Urteile für alle Beteiligten nicht auszuschließen. Es ist notwendig, dass der in der ersten Instanz eingesetzte Richter äußerst kompetent und erfahren ist, damit mehr Urteile angenommen werden als jetzt.*

- Seit Jahren entsteht bei der Analyse von Urteilen und deren Begründungen das Gefühl, dass die Justiz und die Richter zugunsten der Täter und nicht in ausreichendem Maße im Interesse der Opfer urteilen. Daher entsteht das Bild einer täterorientierten Justiz. Die Richter wollen alle möglichen Gründe für das Fehlverhalten des Täters berücksichtigen und denken nicht an die Wiedergutmachung, sei es in noch so kleinem Ausmaß, für die Opfer. Der Begriff der Rache wird als kriminell angesehen, obwohl die Opfer ein reales Rachegefühl haben. Der Schmerz, den die Opfer empfinden, wird durch diese „Soziologie des Verständnisses" verstärkt. Dies wird auf Dauer die Entstehung von Paralleljustizen und die Ablehnung des demokratischen Staates mit sich bringen.

Als Bürger dieses Landes haben mir die oben genannten kritischen Bemerkungen zu der Justiz dieses Landes sehr am Herzen gelegen, meine Absicht ist es keinesfalls die Justiz zu diskreditieren, im Gegenteil, ich möchte, dass sie besser wird.

15. Bilanz in Deutschland nach 50 Jahren

Nach 50 Jahren Aufenthalt in diesem Land und wenn ich eine nüchterne Bilanz aufstellen würde, würde neben den positiven Erlebnissen mit guten Menschen und positiven Erfahrungen mit wichtigen Personen, die meinen Charakter beeinflusst haben, berühmten Lehrern, wenigen fairen Partnern der größte Teil aber aus negativen Erfahrungen bestehen, sei es durch den tagtäglichen Rassismus, den tagtäglichen Kampf um die Daseinsberechtigung, sei es durch die Intoleranz und Engstirnigkeit. Es schmerzt mich sehr stark, dass ich in meinen alten Tagen selbst in meinem engsten Umfeld zwischenmenschliche Probleme erfahren musste.

Ich bin trotzdem diesem Land sehr dankbar, die Möglichkeiten die mir eröffnet worden sind, eine andere Kultur, eine andere Denkweise, eine zusätzliche Ausbildung und eine trotzdem eine Menge an menschlicher Wärme. Ich bin diesem Land dankbar dafür, dass ich trotz aller Schwierigkeiten meinen sozialen Status aufrechterhalten konnte.

Ich bin was die Zukunft des Landes angeht besorgt, im Hinblick auf die Entwicklung des demokratischen Systems, ich bin besorgt zu sehen, wie wenig das Land vorbereitet ist auf zukünftige Herausforderungen, die aus gravierender technologischen Revolutionen entstehen.

Ich bin besorgt über die zunehmende Denkfaulheit eines großen Teils der Bevölkerung. Es ist für mich eine bittere Erfahrung zu sehen, wie wenig der größte Teil der Bevölkerung Bücher zu gesellschaftlichen und politisch kritischen Themen liest.

Ich bin erstaunt und verbittert über die negative Entwicklung der Qualität deutscher Medien- seien es öffentliche oder private. Ich bin entrüstet über die mangelnde Selbstkritik dieser Medien.

Ich bin verbittert zu sehen, wie hohl und leer diese Gesellschaft sich entwickelt hat.

16. Epilog

Unabhängig von der zuvor getätigten kritischen Würdigung unseres Landes haben wir hervorragende Mitbürger, die alles tun, damit ein gewisses Wohl für dieses Land erreicht werden kann. Daher scheint es mir notwendig, mich bei diesen Gruppen von Menschen zu bedanken.

- Ich danke jedem Arbeiter, der jeden Tag sein Arbeitspensum absolviert, denn er trägt zum Reichtum dieses Landes bei.
- Ich danke jedem Lehrer und jeder Lehrerin sowie den Professoren an den Universitäten, die sich die größte Mühe geben, unseren Kindern und Studenten ein gewisses Wissen und Verhalten beizubringen, damit unsere Zukunft abgesichert werden kann.
- Ich danke jedem Arzt und jeder Ärztin, sei es im Krankenhaus, sei es in der eigenen Praxis, die sich jeden Tag bemühen den kranken Mitbürgern zu helfen.
- Ich danke jedem Ingenieur und Forscher, der sich jeden Tag müht Technologien zu erfinden und entwickeln, die den Fortschritt unserer Gesellschaft unterstützen.
- Ich danke jedem Handwerker, der sich jeden Tag müht, gewisse Dienstleistungen zu erbringen, um Nöte von Mitbürgern zu beseitigen.
- Ich danke jedem Journalist, der sich tagtäglich müht, dass Informationen zur Gesellschaft fließen.
- Ich danke jedem LKW-Fahrer und jedem Transportunternehmen, die sich jeden Tag mühen uns mit Gütern zu versorgen.
- Ich danke jedem kleinen und mittelständigen Unternehmer, der sich jeden Tag darum bemüht, uns mit Gütern und Dienstleistungen zu versorgen und Arbeits- und Ausbildungsplätze aufrecht zu erhalten.

- Ich danke jedem Polizisten, der tagtäglich seine schwere Arbeit verrichtet, um uns ein objektives und subjektives Gefühl der Sicherheit zu vermitteln.
- Ich danke jedem Richter, der sich tagtäglich müht, den bürgerlichen Frieden herzustellen.
- Ich danke ganz besonders jedem Alten- und Krankenpfleger, der mit unermüdlichem Einsatz das Leid von Alten und Kranken mildern hilft.

In diesem Buch habe ich meinen Werdegang gezeichnet, wie ich aus meinem Geburtsland nach Deutschland kam. Ich bin möglicherweise nicht der typische Einwanderer (Gastarbeiter), aber ich habe ähnliche Prozesse bei meiner Integration durchlaufen und erlebt. Diese paar Zeilen stellen die Integration in Deutschland aus meiner Sicht dar.

Mein Bekenntnis zu diesem Land war ein langer Prozess mit Höhen und Tiefen. Ich habe es sogar manchmal bereut, in dieses Land gekommen zu sein.

Dank meiner Frau habe ich jedoch dieses Land sehr schätzen gelernt, auch wenn eine kritische Würdigung von Unzulänglichkeiten für mich immer noch selbstverständlich ist. Dies heißt nicht, dass ich mich zu diesem Land nicht bekenne, im Gegenteil, wirklich kritisch kann man nur gegenüber Dingen sein, die einem wichtig sind.

Zeitfracht Medien GmbH
Ferdinand-Jühlke-Straße 7
99095 Erfurt, Deutschland
produktsicherheit@kolibri360.de